Sandra Stelzner-Mürköster

Zurück ins Leben finden

Die Botschaft der Trauer annehmen und wieder Lebensfreude spüren

Die Botschaft dieses Buches ist:

Das Leben ist lebenswert
und hat einen tiefen Sinn.
Die Trauer kann diesen Sinn
entschlüsseln,
der nur darauf wartet,
erkannt zu werden.

Inhalt

»Ich sehe deinen Schmerz, deine Verzweiflung und sehe deine Trauer. Doch wisse, dass die Liebe uns immer verbinden wird, und verinnerliche die Hoffnung, dass wir uns wiedersehen werden. Denn hinter dem Horizont wartet die Liebe all derer auf dich, die schon vor dir gegangen sind.«

Vorwort

Ich möchte mit dir eine Erinnerung teilen, eine sehr persönliche Erinnerung. Auch heute noch berührt sie mich sehr, denn der 28. November 2007 war der Tag, an dem mein Leben zerbrach. Zugleich begann mit diesem Tag mein Übertritt in ein anderes Leben. Wenn ich jetzt davon schreibe, habe ich das Gefühl, dass ich von einem Leben *vor* meinem Leben berichte. Daher möchte ich hier meinem himmlischen Mann für die wunderbare Zeit danken, die wir zusammen auf dieser Erde hatten. Ich möchte ihm für unseren Sohn danken, der ihm so ähnlich ist, dass ich manchmal das Gefühl habe, dass er wirklich und in echt neben mir steht. Und ich möchte ihm für seine fortwährende Unterstützung und Begleitung danken, die mich jeden Tag meines Lebens begleitet. Ich spüre und erkenne, dass er auch jetzt meinen Weg ganz intensiv begleitet, damit ich Menschen helfen kann, den Weg durch die Trauer zurück ins Leben zu finden. Die Liebe wird uns immer verbinden.

Das, was du – lieber Leser, liebe Leserin – hier erkennen kannst, ist mein Glaube, dass wir nicht wirklich gehen, sondern mit dem Tod auf eine andere Ebene wechseln: Dieser

Glaube hat mich durch die schwerste Zeit meiner Trauer getragen und mir geholfen, nicht durchzudrehen. Denn natürlich stirbt, wenn ein geliebter Mensch stirbt, auch immer ein Teil von uns. Es bleibt eine große Leere zurück und Teil des Trauerprozesses ist es, diese Leere wieder mit einer ganz bestimmten Person zu füllen – mit uns selbst! Und dabei einen neuen Blick auf das Leben zu gewinnen.

Trauer gehört zu den tiefsten menschlichen Erfahrungen, die wir alle früher oder später durch den schmerzvollen Verlust eines geliebten Menschen hier auf Erden machen. Doch auch eine Trennung, eine Kündigung oder das Scheitern eines wichtigen Projekts kann uns Trauer empfinden lassen, selbst wenn diese Situationen vergleichsweise weniger existenziell sind als der Tod eines Herzensmenschen. In diesem Buch möchte ich mich auf die tiefe Art der Trauer konzentrieren, die uns ähnlich einem Wesen gegenübertritt und an unseren Grundfesten des Lebens rüttelt. Wenn ich hier vom Wesen der Trauer schreibe, so meine ich damit, dass dieses Gefühl in uns eine Stimme weckt. Die Stimme des Schmerzes und der Sehnsucht. Zugleich ist Trauer die wohl größte Herausforderung, uns bewusst wieder für das Leben zu entscheiden. Ich habe meinem Mann auf dem Sterbebett versprochen, dass wir (unser Sohn und ich) es schaffen werden und dass es okay sei, wenn er gehe, weil ich wusste, dass er so in diesem Körper nicht mehr hätte leben wollen. Kurz nach diesem Versprechen starb er und diese bewusste Entscheidung für das Leben aus Liebe zu ihm und unserem Sohn war zugleich die schwerste und schmerzlichste meines Lebens.

Auf Grundlage dieser Erfahrungen ist dieses Buch ein Teil von mir und spiegelt eine Menge Erlebnisse wider, die ich seither sammeln durfte. Es basiert auf meinem ganz persönlichen Erleben, aber auch auf meiner Arbeit als professionelle Trauermentorin.

Wenn ich von Trauer und Verarbeitung schreibe, weiß ich, was es bedeutet und wie sehr dir der Tod eines geliebten Menschen den Boden unter den Füßen wegzieht. Nichts ist mehr, wie es war. Die Welt erscheint dir fremd, kalt und feindlich. Angst wird während deines Trauerprozesses zu einem mächtigen Begleiter, die dich lähmt und zugleich schützt. Sie lähmt dich, neue Schritte zu gehen, dem Leben zu vertrauen und dich der Freude und der Leichtigkeit zu öffnen; daneben schützt sie dich vor unbedachten Handlungen. Und genau darin lieg die Krux: zu unterscheiden, wann es wirklich um Schutz geht und wann uns dieses mächtige Gefühl davon abhält, zurück ins Leben zu finden.

Ich erinnere mich an viele Nächte tiefster Dunkelheit, in denen ich mich von Angst umschlungen und gefesselt fühlte. Es waren Nächte, in denen ich wie ein gehetztes Tier der Unfassbarkeit der Realität gegenüberstand. Es war der schwierige Prozess, den Tod meines geliebten Mannes und ein Leben annehmen zu können, das komplett aus den Fugen geraten war. Ich hatte Angst vor der Zukunft, vor dem Leben, das mir ohne meinen Mann, ohne mein altes Leben keinen Halt mehr gab. Und ich hatte Angst vor meinen eigenen Wünschen und Träumen, die in diesem Gefühlschaos nahezu untergingen.

Kennst du das auch? Kennst du auch so schreckliche Nächte? So mächtige Gefühle, die dich lähmen, schlaflos und völlig fertigmachen? Suchst du nach Lösungen, dies zu ändern und nach Antworten auf Fragen, die dir seit dem Tod eines geliebten Menschen ständig durch den Kopf gehen? Weil du dein Leben und dich selbst nicht mehr verstehst und Antworten finden willst, was mit dir los ist? Weil du vielleicht Dinge träumst, die du nicht nachvollziehen kannst?

Sich mit solchen Fragen und Themen auseinanderzusetzen ist tatsächlich ein erster Schritt zurück ins Leben. Das war auch bei mir so und ist es bei meinen Klienten und Klientinnen, die ich begleite. Denn der Weg aus diesem tiefen Tal der Tränen führt über das genaue Hinsehen auf diese Ängste und Fragen. Und ich weiß aus meiner intensiven Auseinandersetzung mit Trauer, dass die, die vor uns gegangen sind, sich aus tiefstem Herzen wünschen, dass wir leben und uns nicht von dem Kummer beherrschen lassen, den wir aufgrund ihres Todes durchleben. Sie wünschen sich von Herzen, dass wir unsere Lernaufgaben annehmen, weitermachen und ihren Tod verarbeiten.

Sandra Stelzner-Mürköster – München, im Herbst 2023

Was leistet Trauerarbeit?

Der Trauerschmerz ist vergleichbar mit einer Verletzung, die du dir wie eine große Schürfwunde vorstellen kannst. Damit diese zu heilen beginnt und sich nicht entzündet, muss sie betrachtet und gereinigt werden. In diesem Moment suchst du, wenn du dich körperlich verletzt hast, einen Arzt auf, der sich gut mit solchen Wunden auskennt. Du bittest ihn um Hilfe, da du möchtest, dass die Wunde gut verheilt und nicht eitert. Jener Experte muss deine Wunde reinigen, um an das zu kommen, was darunter liegt. Er verwendet Desinfektionsmittel und säubert die Wunde ganz vorsichtig. Allerdings wird die Wunde in diesem Moment erst einmal heftiger, da sie offengelegt wurde, um an die unteren Schichten zu kommen, damit sie anschließend besser heilt. So wie ein Arzt das macht bei körperlichen Verletzungen, geht auch ein Trauermentor vor. Mit dem Ziel, nach dem Versorgen der Wunde den Teil in dir zu füllen, der dir so schmerzlich fehlt.

Das mag sich für dich an dieser Stelle nicht nachvollziehbar und verdammt schwer anhören. Doch wir müssen lernen, mit dem Verlust klarzukommen und unseren Alltag neu zu gestalten. Trotzdem sind Botschaften der Verstorbenen sehr tröstlich: Sie begegnen uns oftmals in Träumen und durch andere Zeichen, um uns wissen zu lassen, dass sie weiterleben, dass das Band der Liebe nie zerschnitten sein wird.

Mit diesem Buch möchte ich dir Mut machen, dass es ein Leben nach dem Tod eines geliebten Menschen gibt und alles seinen Platz haben darf. Der Weg, den jede und jeder einzelne beschreitet, ist ein sehr individueller, wenngleich die Fragestellungen und Themen sich oftmals ähneln. Mit »Zurück ins Leben finden« möchte ich dich ein Stück weit begleiten, mit dir Gefühle und Zusammenhänge anschauen, um dir das Durchleben dieses sehr schmerzhaften Prozesses zu erleichtern und um dich zu aktivieren, wieder ins Jetzt zu finden und eine neue Sichtweise aufs Leben zu gewinnen.

Einleitung: Der Schmerz – ein weiser Wegweiser

Und plötzlich ist alles still und anders. Du bist auf dich, deine Leere, deinen Schmerz, deine Tränen zurückgeworfen. Gleichzeitig weist deine Trauer in sich eine Struktur auf, die dich hin- und herwirft: Es gibt Momente, in denen du einen Schritt vorwärtsgehst und im nächsten Augenblick sind es zwei Schritte zurück. Das ist ganz normal, denn oft führt der Weg über ein Zurück nach vorne. Das alles erfordert Geduld: Geduld mit dir selbst und auch Mitgefühl für dich und für deine Trauer. Dabei habe ich vier wesentliche Stationen erkannt, die uns auf dem Weg der Trauer begegnen und die uns dazu dienen, uns ganz neu kennenzulernen, um uns schließlich wieder handlungsfähig zu machen und innerlich sicher zu werden. All das passiert mit dem Ziel, den fehlenden Teil – mit dem der geliebte Mensch und das vorherige Leben uns Halt gaben – in uns selbst zu finden. Dabei durchlaufen wir:

Die vier Stationen des Trauerprozesses:

Station 1: Trauerschmerz. Ein Teil von dir stirbt mit dem anderen, dein Herz ist gebrochen und der Schmerz so unerträglich, dass alles sinnlos erscheint.

Station 2: Orientierung in der Orientierungslosigkeit. Du stellst dich diesem Schmerz und lernst dadurch die Welt und dich neu kennen.

Station 3: Neubeginn. Du entdeckst den verlorenen Anteil in dir – ganz behutsam und achtsam, Schritt für Schritt.

Station 4: Ziel: Du findest zurück in dein Leben, gewinnst Sicherheit und wirst so wieder handlungs- und entscheidungsfähig.

Im Laufe dieses Buch, bei dem ich jede dieser Stationen beschreiben werde, erzähle ich dir immer wieder von meiner persönlichen Trauergeschichte, um dir zu zeigen: Es gibt einen Weg aus dieser scheinbaren Aussichtslosigkeit! Ich habe all das selbst erlebt, gefühlt und durchlitten und ich weiß, was es braucht: den Mut zu vertrauen, um zurück ins Leben zu finden. Die in den einzelnen Kapiteln eingestreuten Gedankenreisen sollen dir diesen Schritt erleichtern. Sie wollen dich stärken und gewähren dir einen Einblick in jene Welt, in die unsere lieben Verstorbenen schon (voraus)gegangen sind;

um dich ein Stück weit mitreisen zu lassen und dir ein neues Verständnis von dir und deinem Leben zu ermöglichen. Denn letztlich findet sich darin nichts anderes als unsere innere Wahrheit, wie du später noch sehen wirst. Daneben erkläre ich anhand von wissenschaftlichen Grundlagen, was mit dir und deinem Körper passiert, wenn du trauerst. Bist du dann bereit, die grundlegende Veränderung anzunehmen und zu leben, wird dir das den Weg zu einem Neubeginn weisen, um so den Verlust des geliebten Menschen in deinem Leben zu überstehen und die Botschaft, die darin für dich bereitgehalten wird, zu nutzen. Denn der Trauerschmerz zeigt uns in seiner Radikalität und indem er unser Leben komplett in Frage stellt, was es zu verändern gilt. Er ist wie ein weiser Wegweiser.

Den Trauerschmerz anzunehmen ist der erste Schritt, um gesund zu werden. So können deine Vergangenheit, deine Gegenwart und deine Zukunft – wie du selbst – heil werden: Trauer, Schmerz und Angst besitzen ein unglaubliches Potenzial; unterdrückst du es, schadest du dir selbst, auch wenn das zunächst nicht so scheinen mag. Das möchte ich dir mit einem Bild näher erläutern: Stelle dir eine Wohnung vor, in der es einen Wasserrohbruch gegeben hat. Nach einiger Zeit werden die Wände feucht, es beginnt zu schimmeln, die sanitären Anlagen funktionieren nicht mehr. Um weiteren Schaden abzuwenden, damit das Haus nicht nach und nach verfällt, müssen grundlegende Maßnahmen eingeleitet werden. Etwa, dass die Wände aufgeklopft werden, um an die hinter

Putz liegenden Rohre zu gelangen. Es wird also erst einmal chaotischer und ungeordneter, und der abgeschlagene Schutt und das kaputte Rohrmaterial müssen auch erst entsorgt werden. Danach können neue Rohre eingebaut, die Wände zugespachtelt und verputzt werden – aber erst dann, wenn wirklich klar ist, dass die Ursache des Wasserrohrbruches beseitigt wurde. Dieses Bild beschreibt den Weg durch den Trauerprozess sehr gut. Es zeigt, dass es wichtig ist zu handeln und dass es Geduld, Zeit und vieler kleiner Schritte bedarf, um in sich wieder Stabilität und innere Sicherheit zu finden.

Du bestimmst das Tempo, das für dich richtig ist, während ich dich darin unterstützen möchte, den Tod eines geliebten Menschen anzunehmen, zu akzeptieren und verstehen zu können, damit du wieder leben lernst und darüber hinaus erkennst, dass alles zusammengehört und dass die, die schon vor uns gegangen sind, »nur« einen Schritt weiter sind und in einer anderen Dimension weiterleben. Auch auf diese geistige Welt werde ich eingehen, weil die Zusammenhänge mit ihr uns helfen können, das Leben und all seine Veränderungen liebevoll und zuversichtlich anzunehmen – selbst und gerade in Momenten tiefster Trauer und tiefsten Schmerzes.

In diesem Sinne wünsche ich dir heilsame Einblicke in dich und in dein Leben und dass du mit dieser Lektüre wieder zu Kraft und Zuversicht findest.

Kapitel 1

Die Welt der Trauernden und was durch den Tod eines geliebten Menschen im Gehirn der Trauernden passiert

Vielleicht kämpfst auch du gerade mit einem Bild von dir, dem ein entscheidendes Stück fehlt?

›Es fehlte mir ein ganz wichtiger Teil‹, dachte ich nach dem Tod meines Mannes. Der Teil, der dieses Bild zu einem Ganzen werden lässt und die einzelnen Teile verbindet. Ja, ich hatte das Gefühl: Ich erkenne mich nicht mehr, ich weiß nicht mehr, was mich ausmacht und was ich überhaupt kann. ›Wer bin ich überhaupt ohne dich?‹, fragte ich mich. ›Und wie kann ich diese Lücke wieder füllen, mich und dieses Leben erfüllen? Denn dieser fehlende Teil bist du!‹

Ich fühlte mich innerlich zerbrochen, nicht mehr komplett und konnte mich nicht mehr greifen. Ich konnte mich kaum noch anschauen. Denn ich wusste gar nicht, wer hier vor mir stand. ›Hilf mir, unterstütze mich, dieses fehlende Puzzlestück in mir zu finden: Ich suche dich … und ich warte geduldig auf den Moment, in dem ich mich wieder sehen kann‹, flehte ich dich an. Schließlich fühlte ich in dem Moment nur Schmerz und sah nur Dunkelheit um mich herum. Daher fragte ich mich in meiner Not:

»Wann, Schmerz, hörst du wieder auf, in meiner Brust zu pochen?«

»Wann wird das Atmen wieder leichter?«

»Wann wird mich nicht jeder Atemzug an das erinnern, was vergangen ist?«

»Wann werde ich mich wieder wie ein Mensch fühlen?«

»Wann kommt der Zeitpunkt, an dem ich wieder nach

vorne sehen kann und nicht nur auf das, was vergangen ist?«

»Wann lerne ich, das zu akzeptieren und anzunehmen, was ist, und mich nicht mehr so gelähmt zu fühlen?«

»Wann kommt der Zeitpunkt, an dem nicht die Angst, sondern die Liebe und Freude mich wieder leiten können und leiten werden?«

»Wann werde ich die Welt, wie sie ist, wieder als meine Welt erkennen und wieder Sinn finden?«

»Wann kann ich dich, ›lieber‹ Schmerz, wieder loslassen?«

Ich wünschte mir so sehr, Antworten auf all diese Fragen zu finden, denn sie waren meine Hoffnung. Sie waren das, was mich weitermachen ließ! »Bitte zieh weiter, wenn die Zeit dafür gekommen ist, und lass mich das Leben wieder leben«, bat ich meinen Schmerz und stellte immer und immer wieder genau diese Fragen. Ich kenne sie. Ich kenne auch ihre Kraft und Macht. Und gleichzeitig enthalten sie eines – ein Stück Hoffnung, dass es eine Zeit geben wird, in der sich dieser Zustand leichter anfühlen wird!

Trauer ist nicht dein Feind. Sie ist eine Botschaft an dich – die Botschaft weiterzuleben. Sie hat einen starken Aufforderungscharakter, denn die Radikalität ihres Wesens impliziert eines ganz deutlich: Veränderung. Die Annahme und Akzeptanz dieser Veränderung können nur durch Vertrauen und Öffnung geschehen. Lehnen wir sie ab, führt das zu Verbitterung. Das ist meine Erfahrung. Dazwischen gibt es nichts.

Denn ich kann nicht ein bisschen vertrauen oder ein bisschen annehmen. Es erfordert ein klares Bekenntnis zu deinem Leben, zu deiner Gegenwart, um wieder Frieden und Glück in dir zu finden. Empfindest du dein Schicksal ungerecht, ist das eine andere Haltung, die dazu führt, dass das Leben beschwerlich und feindlich wird. Um diesen Prozess, diese Wahl besser verstehen zu können, lade ich dich ein, im folgenden Kapitel mehr über das Wesen der Trauer zu entdecken.

Mein persönlicher Abschied

Als ich gerade einmal 30 Jahre alt war, änderte sich innerhalb von drei Tagen mein Leben radikal. Wir schreiben das Jahr 2007. Es ist ein Montag Ende November. Die Vorbereitungen für die Adventszeit stehen an und die Luft riecht bereits nach Advent. Es soll das erste Weihnachten werden, das wir als kleine Familie feiern. Und diesmal wollen meine Eltern wirklich zu uns nach Bayern kommen.

Bis dahin war mein Leben für mich nahezu perfekt. Ich lebte meinen Traum: Ich war mit dem großartigsten Mann verheiratet, den ich mir je erdenken konnte, und wir hatten einen süßen kleinen Sohn. Der war gerade sechs Monate alt, ich mit der Ausbildung zur Gymnasiallehrerin fertig, hatte einen festen Job, eine tolle Wohnung und ich konnte mit meinem Mann herrlich über die Zukunft sinnieren. Wir konnten träumen und uns ausmalen, was uns noch alles gemeinsam erwarten würde. Gleichzeitig liebte ich an meinem Mann, dass er mich in meinem Sein voll und ganz unterstützte. Er ergänzte mich perfekt und übernahm dort Aufgaben in meinem Leben, wo ich selbst Defizite hatte und auch heute noch habe. Wir waren auch nach außen hin das perfekte Paar. Meine Schwiegermutter beschrieb uns einmal als Schraube und Mutter, einfach wie zwei Teile, die unbedingt zusammengehören. Wenn ich heute auf diese Zeit zurückblicke, kommt es mir mitunter surreal vor: Ich blicke auf ein Leben, das mir wie ein anderes Leben erscheint. Ich fühlte mich noch so furchtbar jung und in vielen Dingen auch unerfahren.

An jenem Montag also wollte mein Mann vor dem Mittagessen kurz joggen gehen: »Ich werde nur eine kurze Runde laufen«, waren mehr oder weniger die letzten Worte, die er zu mir sprach. Tim, unser Sohn, bekam noch einen schnellen Kuss auf die Stirn, ich einen Abschiedskuss, bevor er schon aus der Tür draußen war. Wie sich später herausstellte, kam er wohl nicht weit.

Dieser Tag lässt sich im Nachhinein als der erste Tag meines bzw. unseres neuen Lebens beschreiben. Olaf sollte nie wieder von dieser Joggingrunde nach Hause zurückkehren. Innerhalb von drei Tagen war mein Leben nicht mehr das, was ich bis dahin kannte, nicht mehr das, was mir überhaupt vertraut war. Nichts, aber auch gar nichts mehr sollte noch einmal so werden, wie es zuvor war. Ein kurzer Augenblick änderte alles. Ich saß zu

Hause und wartete auf ihn und ärgerte mich irgendwann, weil er einfach nicht zurückkam. Ich dachte nur: ›Was soll das denn? Du weißt doch, dass ich mit dem Essen auf dich warte?‹ Doch er kam und kam nicht. Plötzlich klingelte es an der Haustür. In der Hoffnung, dass mein Mann nun endlich den Weg nach Hause gefunden hatte, öffnete ich. Doch Fehlanzeige! Stattdessen stand meine aufgelöste Nachbarin in der Tür und teilte mir mit, dass die komplette Straße ganz in der Nähe von uns abgesperrt sei, da man dort einen toten Jogger gefunden habe.

Diesen Moment, der durch ein furchtbares Gefühl der Gewissheit begleitet wurde, werde ich nie vergessen. Ich erstarrte innerhalb von Sekunden, da ich genau spürte, dass etwas Schreckliches geschehen war und der Jogger mein Mann sein musste. Ich erwiderte in einer innerlichen Unruhe, die auch heute noch hochkommt, wenn ich an diesen Moment denke, dass Olaf schon lange zu Hause sein wollte und ich ihn dringend erwarten würde. Diesen Moment des Lebens, der so unendlich schrecklich war, nehme ich auch heute nur noch durch eine Art Nebel »gefiltert« war. Ich war wie gelähmt, sonst hätte es mir buchstäblich das Herz zerrissen.

Ich wurde dadurch ruhig, sehr ruhig – zumindest nach außen hin. Meine Nachbarin schrie: »Du musst anrufen! Du musst unbedingt anrufen!!« Ich antwortete aus meiner vermeintlichen Ruhe, wo ich denn anrufen solle? Schließlich schoss mir der Gedanke wie ein Blitz in den Kopf, dass ich unbedingt die Polizei kontaktieren müsse, um Genaueres zu erfahren. Als ich dort anrief und sagte, dass ich meinen Mann vermisse, dessen übliche Joggingstrecke durch die Waldstraße ging, wurde es am anderen Ende ebenfalls sehr ruhig. Man teilte mir mit, dass er einen Herzinfarkt gehabt habe, er wiederbelebt wurde und nun im nahegelegenen Krankenhaus liege. Es sei ernst, sehr ernst. Ich solle dort unbedingt gleich hinfahren, zumal er auch keine Papiere bei sich habe. Als ich daraufhin sagte, dass ich nicht ins Krankenhaus könne, da ich einen Säugling zu Hause zu betreuen hätte, der gerade Mittagsschlaf mache, hörte ich am anderen Ende der Leitung nur einen tiefen Seufzer und ein »Oh, Gott«. Man versprach mir, einen Beamten zu schicken. Ich war wie gelähmt, konnte kaum mehr atmen, spürte mehr und mehr eine innerliche Versteinerung.

Statt des Streifenbeamten kam mein Nachbar, der auch bei der Kripo war. Ich bin ihm heute noch sehr dankbar, dass er mich einfach nur ganz fest in den Arm nahm. Die darauffolgenden Stunden sind mir größtenteils nicht mehr greifbar. Ich kann mich nur bruchstückhaft an bestimmte Personen und Ereignisse erinnern. Ich versuchte, mich zu beschäftigen, nicht durchzudrehen, alles zu regeln, was möglich war, um endlich ins Krankenhaus zu können. Unser Hausarzt kam mit seiner Frau, sprach auch sehr deutlich zu mir, wie ernst die Lage sei. Ich verständigte die Eltern meines Mannes, sowie meine Eltern, die beide rund 600 Kilometer von uns entfernt wohnten.

An Einzelheiten kann ich mich nicht mehr erinnern. Irgendwann kam die Nachricht, dass mein Mann mit dem Hubschrauber in die Uniklinik München gebracht werde, da die Behandlungsmöglichkeiten in Wolfratshausen zu begrenzt seien. Ich weiß nur, dass ich zwischen Wahnsinn und Verrücktsein, innerer Versteinerung und Bangen und Hoffen schwebte – ich war haltlos!

Gegen Abend konnte ich endlich zu ihm auf die Intensivstation der Uniklinik. Bis heute weiß ich nicht mehr genau, wie ich dorthin gekommen bin und wer mich begleitete. Auf der Intensivstation versuchte Dr. Engelmann *(Name geändert)*, mir die Schwere der Lage zu erklären, bevor ich meinen Mann sehen durfte. Er sagte, dass Olaf im Koma liege und man ihn auf ein Eisbett gelegt habe in der Hoffnung, dass sich durch das Herunterkühlen sein Gehirn erholen würde. Der Zeitpunkt der Reanimation sei jedoch so spät gewesen, dass man Schäden am Gehirn nicht ausschließen könne. Das Gehirn sei geschwollen und zudem wäre der Kiefer durch den Sturz gebrochen, der infolge des Herzinfarktes geschah. Nie werde ich den Anblick vergessen, der sich mir bot, als wir endlich zu ihm durften. Mein Herz zerbrach, als ich meinen Mann dort liegen sah: Auch heute noch habe ich das Bild eines gefällten Baumes im Kopf, einfach gefällt und umgekippt. Eine Ahnung, die ich vor Monaten schon in mir trug, wurde zur unumstößlichen Wahrheit – er würde sterben. Der Schmerz, den ich empfand, war so unbeschreiblich groß: Meine große Liebe, mein Partner, mein Seelenverwandter, mein Mann, der Vater unseres Sohnes würde gehen. Das stand für mich ab diesem Zeitpunkt außer Frage.

Wenn ich hier von einer Ahnung schreibe, die zur Gewissheit wurde, so meine ich damit ganz konkrete Träume, die ich hatte, als ich mit unserem Sohn schwanger war. Damals träumte ich mehrmals, dass Olaf uns verlassen würde. Als ich ihm von diesen Träumen erzählte, lachte er damals nur verlegen und sagte: »Was Schwangere alles so träumen …« In seine Worte mischte sich aber auch ein gewisser Zweifel, als ob er tief in sich gespürt hätte, dass ich die Wahrheit sprach.

Liebe Leserin, lieber Leser, es ist ganz besonders wichtig für mich, diesen Aspekt aufzugreifen, um meinen Glauben an dieser Stelle zu offenbaren. Ich glaube an das Schicksal und an ein Leben nach dem Tod. Ich glaube, dass letztlich alles einen Sinn hat und wir einer höheren Ordnung unterliegen, die ich geistige Welt nenne. Ich hatte und habe immer wieder Einblicke in diese Welt. Vor allem meine Träume gaben und geben mir Zugang zu einer höheren Weisheit. Gleichzeitig konnte ich zu jenem Zeitpunkt deren wahren Kern noch nicht in der Art und Weise erfassen, wie mir dies heute möglich ist.

Es vergingen Minuten, Stunden und letztlich zwei Tage, bis sich seine Seele von seinem Körper trennte und er starb. Am Montagmorgen war mein Leben noch so, wie ich es bis dahin kannte. Am Mittwochmorgen sollte ich zur Witwe und Alleinerziehenden eines Babys werden. Diese zwei Tage sind mehr oder weniger aus meinem Gedächtnis gestrichen. Ich kann mich nicht mehr an den Dienstag erinnern oder an das, was ich in der Klinik gemacht habe. Heute weiß ich, dass man diese Erfahrung auch als Trauma bezeichnet und gewisse Teile im Gehirn einfach abgeschaltet werden, weil die Realität sonst einfach nicht auszuhalten ist. Ein Teil von mir erstarrte, ich verlor den Zugang zu meinen Gefühlen; dennoch war der Schmerz so groß, dass ich ihn kaum aushalten konnte.

Mittlerweile waren Olafs Eltern eingetroffen und auch mein Vater, ich war also nicht alleine, als Mittwochmorgen gegen 5.30 Uhr das Telefon so lange klingelte, bis ich abnahm. Die Worte, die ich hörte, werde ich nie vergessen: »Ihr Mann wird sterben, Sie müssen sofort kommen.« Unseren Sohn brachte ich schnell bei einer Nachbarin unter, um so schnell wie möglich in die Klinik zu fahren, in Begleitung meines Vaters und Olafs Eltern. Als wir dort ankamen, sprach meine innere Stimme zu mir und sagte, er brauche meine Erlaubnis, um gehen zu können. Ich wusste und spürte, dass er ein Leben als schwerbehinderter Mensch nie gewollt hätte und dennoch zwischen den Welten hing, weil er uns nicht verlassen wollte. Aus meiner tiefsten Liebe heraus sprach ich mit ihm und sagte: »Du darfst gehen. Ich verspreche dir, dass wir es ohne dich schaffen werden!«

Einen kurzen Augenblick später verstarb Olaf. Er hatte sich von seinem Körper gelöst – er war tot, und ich war ein Stück weit mitgestorben. Ich verlor jeglichen Halt, hatte das Gefühl durchzudrehen, nicht mehr atmen zu können.

Wir alle standen unter einem großem Schock. In diesem Augenblick tiefster Trauer fiel »aus heiterem Himmel« unser Bild um. Es stand auf Olafs Krankenhaustisch und zeigte Tim und mich. Niemand war dort, um es zu berühren, und gleichzeitig blickte ich auf den leblosen Körper meines Mannes und nahm wahr, dass dort nur noch eine leblose Hülle lag, seine

Seele war schon fort. Auch das Krankenhauspersonal stand fassungslos vor dem leblosen Körper meines Mannes. Als wir irgendwann beschlossen zu gehen, war nur ein Wunsch in mir spürbar: Ich wollte unbedingt zu unserem Sohn. Das, was mir heute noch sehr präsent ist, war der »letzte« Blick auf meinen Mann. Ich verließ als Letzte das Sterbezimmer und richtete meinen Blick mit vollem Bewusstsein und riesengroßem Schmerz auf meinen Mann in dem Wissen, dass ich ihn nun das letzte Mal sehen würde. Im wahrsten Sinne des Wortes schloss ich diese Türe meines Lebens und ging ins vollkommen Ungewisse, im Bewusstsein »ver-rückt« zu werden, haltlos und voller Schmerz auf eine Zukunft hinzugehen, die mir so fremd war.

Körperliche Reaktionen auf den Verlust eines geliebten Menschen

Der Schmerz über den verlorenen Teil

Wenn ich an die Zeit denke, die nun folgte, sehe ich immer das Bild einer Seifenblase, in der ich saß, vor mir. Ich blickte auf die Welt, auf mein Kind, auf meinen Vater, auf alles, was mir bisher vertraut war. Doch nichts war mehr, wie ich es kannte. Diese Wahrnehmung war wie ein starker Nebel, durch das meine Wahrnehmung und Empfindung gefiltert wurden.

Zeit wurde bedeutungslos, Tagesabläufe ebenso. Es war schon schwer, überhaupt die Kraft aufzubringen zu atmen. Was machen Menschen in solchen Situationen, die schlicht und ergreifend nicht auszuhalten sind? Alles um mich herum war »kopflos«, gefüllt mit dem eigenen Schmerz und dem Verlangen, diesen Schmerz einfach auszuradieren. Doch genau das ist nicht möglich. Damals wusste ich (noch) nicht, was ich heute weiß: Der Tod ist nicht das Ende, sondern nur ein Übergang. Dieses Wissen verringert nicht den Schmerz über den Verlust eines geliebten Menschen, aber es hilft ein Stück weit, die Wunde zu heilen, die durch den Tod entsteht.

Nach meinen heutigen Erfahrungen gibt es nichts Krasseres und Einschneidenderes als den Tod eines geliebten Menschen. Und Trauer ist die Verarbeitung dieses grenzenlosen Schmerzes darüber. Die Gemütsstimmung zeigt sich auf allen Ebenen unseres Seins. Denn:

Wir sind
Körper,
Geist und
Seele.

Und weil Trauer gerade unsere Welt und unsere Beziehung zu uns komplett auf den Kopf stellt, äußert sie sich explizit und elementar darin, dass unser Gehirn massiv beeinflusst wird. Die Arbeit der linken und rechten Gehirnhälfte wird gestört, da biochemische Prozesse die Verbindung der beiden Gehirnhälften stören – trauern heißt in dem Fall, dass neue Verbindungen aufgebaut werden dürfen und müssen. Eine komplette Neuorientierung steht an. Konkret hat die Störung der Verbindung beider Gehirnhälften beispielsweise Auswirkungen auf unser Sprachzentrum, was nicht selten zu Aussagen führt wie »Ich finde keine Worte.« Schließlich befinden wir uns in einer existenziellen Notsituation, die sich in innerer Unruhe, Kälte, Ausweglosigkeit und schrecklicher Angst äußert.

Noch heute ist der Beginn meines neuen, unfreiwilligen Lebens als Witwe und als alleinerziehende Mutter für mich an vielen Stellen nur durch einen Filter abrufbar. Mein Schmerz war so unsagbar groß, dass ich immer wieder das Gefühl hatte, in einer Seifenblase zu leben, die jeden Moment platzen würde. Ich wurde beschützt und behütet, indem ich viele Erinnerungen nicht mehr speichern konnte und mein gesamter Körper auf Automatikbetrieb »umgestellt« hatte. Meine Mutter sagte in dieser krassen Zeit einmal zu mir: »Du bist wie ein Eisblock.« Und so war es auch. Ich war innerlich eingefroren, freudlos und dem Tod näher als dem Leben. Ich erinnere mich an eine Nacht, in der ich die in mir wohnende Kälte spüren konnte. Ich wachte auf, weil ich eiskalt war. Wirklich eiskalt und weil ich keine Möglichkeit fand, mich irgendwie wieder aufzuwärmen. Immer wieder mit dem Gefühl verbunden, dass ich ver-rückt werde. Und so war es ja auch, ich wurde ver-rückt. Ich wurde aus meinem alten System herauskatapultiert und musste plötzlich ein Leben leben, das ich nicht verstand, in dem ich mich überhaupt nicht auskannte. Eine

Fremde in mir selbst, in einer fremden Welt. Gefühlt hörte ich selbst auf zu atmen: Von Schmerz, Fassungslosigkeit und Trauer erschüttert, funktionierte ich nur noch, um unseres Sohnes willens. Eigentlich wollte ich aber nicht mehr sein. Ich konnte nicht mehr schlafen und war durch und durch von Angst besetzt. Das wollte ich verstehen.

Mir war und ist es immer wichtig gewesen zu verstehen, was mit mir passierte. Durch den Tod meines Mannes habe ich mich umfassend und immer wieder damit beschäftigt, was im Gehirn eines traumatisierten Menschen geschieht und wie die unterschiedlichen Umgangsweisen damit sind.

Im Sinne der systemischen Theorie geraten Leib und Seele aus dem Gleichgewicht, wenn ein naher Angehöriger verstirbt, wenn wir in eine Krise oder Depression geraten oder einfach schwere Lebensumstände zu tragen haben. Zunächst möchte ich auf neuere Forschungen eingehen. Wissenschaftler beschäftigen sich gerade in jüngster Zeit damit, was tatsächlich im Gehirn eines Menschen passiert, wenn dieser mit dem Tod oder einer traumatisierenden Erfahrung in seiner unmittelbaren Umgebung konfrontiert ist.

Trauer im Gehirn

Nach neurobiologischem Verständnis läuft ein Trauerprozess nach bestimmten neurologischen Schemata ab: Zu Beginn sendet der Körper boteneigene Stoffe aus, um den unendlichen Schmerz zu betäuben – dies betrifft ebenso alle traumatischen Erlebnisse. Außenstehende bezeichnen diesen Zustand als Schock, der sich in der Anfangszeit wie folgt bemerkbar macht:

- Das Sprachzentrum ist gestört. Trauernde haben Schwierigkeiten, »Worte zu finden«.
- Der anfängliche Schockzustand wird immer wieder durchbrochen. In solchen Momenten können wir den unendlichen Schmerz spüren.

Es wird uns deutlich, dass wir an uns arbeiten müssen, um diese Phase des Lebens zu überstehen. Leider gibt es kein Geheimrezept, das bei allen und jedem funktioniert. Es gibt immer nur Angebote, die ich hier machen möchte und die du ausprobieren kannst. Letztlich sind Trauer und Schmerz der Weg zur Heilung. Den Prozess, den wir dabei durchlaufen, können wir als heilende Kraft ansehen. So weisen die Ärztin für psychotherapeutische Medizin Ursula Gast und der Seelsorger Klaus Omnasch[1] in diesem Zusammenhang explizit darauf hin, dass Trauer ein Prozess sei, der sich seelisch wie körperlich äußere und bei dem es darum gehe, sich selbst gegenüber Verständnis und Geduld aufzubringen. Schließlich – das kann ich nur bestätigen – gilt es herauszufinden, was uns guttut und hilft – selbst und gerade in diesen schweren Momenten.

1 Vgl. hierzu Klaus Omnasch, Ursula Gast: Trauern mit Leib und Seele, Orientierung bei schmerzlichen Verlusten, 6. Auflage, Stuttgart 2020, S. 14f

Aufgabe und Wirkung der Spiegelneuronen

Hast du dich schon einmal gefragt, ob es eine Antwort darauf gibt, dass du förmlich die Gedanken einer dir nahestehenden Person »lesen« kannst? Oder ist dir aufgefallen, dass du zur gleichen Zeit das Gleiche aussprichst, denkst oder auch sehr genau spürst, was der andere, dir nahestehende Mensch fühlt und empfindet? Für all das gibt es einen wissenschaftlichen Grund, der in unserer Gehirnstruktur angelegt ist. Um es vorwegzunehmen: Als Menschen sind wir soziale Wesen, die seit jeher in Gruppierungen leben und lebten. Zu Zeiten unserer Urahnen war innerhalb dieser Beziehungsstruktur eine nonverbale Kommunikation unverzichtbar. Denn es drohten von allen Seiten Gefahren und jegliche Art von Geräusch bedeutete wiederum ein Risiko, so dass sich eine nonverbale Kommunikation etablierte, um das Überleben zu sichern. Und je besser einer Gruppe oder Horde diese Kommunikation gelang, desto größer waren ihre Überlebenschancen.

Doch, fragst du dich vielleicht, was hat das mit unserer heutigen Zeit zu tun und in Bezug auf die nonverbale Kommunikation zwischen Menschen, die dir nahestehen und dir viel bedeuten? Das hängt damit zusammen, dass Menschen nicht nur eine rein äußerliche Beziehung eingehen, sondern dass sich diese Beziehung auch körperlich widerspiegelt, nämlich im Gehirn. Angelehnt an die systemische Ordnung als strukturierender Weltvorstellung sind wir vor allem innerhalb unserer Familienstrukturen wie Netzwerke miteinander verknüpft und bilden gemeinsam eine Einheit.

Diese Struktur ist körperlich zu benennen als eine Verknüpfung von Neuronen, also von Nervenzellen, die auf die Leitung und Übertragung von Reizen spezialisiert sind. Die sogenannten Spiegelneuronen leiten und übertragen Impulse zwischen vertrauten Personen. Je größer die liebende Bindung, desto größer ist der Gleichklang der Neuronen. Das erklärt auch das Phänomen, warum du zum gleichen Zeitpunkt oft die gleichen Gedanken hast. Die Empathiefähigkeit, das heißt, das Hineinversetzen in den Anderen ist zwischen Liebenden sehr stark ausgeprägt. Aber eben auch bei einer sehr engen Beziehung zwischen Mutter und Kind. Gerade für Babys ist diese Art der Kommunikation überlebenswichtig, da Spiegelneuronen innerhalb engster Beziehungsstrukturen wichtige Funktionen haben. Sie sorgen für:

- Verbundenheit,
- Vertrauen,
- Sicherheit und
- Ruhe.

Wenn nun ein geliebter Mensch innerhalb dieses Systems stirbt, fehlt der Bezugspunkt der sich spiegelnden Neuronen. Infolgedessen kommt es bei der zurückgebliebenen Person zu Orientierungslosigkeit. Es entsteht eine Lücke innerhalb der Programmierung, die zugleich eine Absicherung der eigenen Handlungen bedeutete, indem man nonverbal bestimmte

Signale vom Spiegel-Partner, der Spiegel-Partnerin aufgenommen hat. Diese dadurch vermittelte Sicherheit ist nicht mehr vorhanden. Oft beschreiben meine Klientinnen und Klienten diesen Vorgang als »Nebel im Kopf« und meinen, dass alles unwirklich, ohne klare Umrisse und Strukturen wirke. Die Realität kann dann nicht mehr gefasst werden. Der Trauernde, du, fühlst dich verloren und suchst nach Orientierungspunkten in dem dichten Nebel. Dazu müssen neue Strukturen entstehen. Doch erst einmal sind da Fassungslosigkeit und Sprachlosigkeit, die sich körperlich ganz objektiv messen lassen. Im Bild des Nebels bleibend, lichtet sich dieser gelegentlich hier und da, und du erlebst wahre Lichtblicke. Er kann aber wieder sehr viel dichter und undurchdringlicher werden.

Alleine die Beschreibung dieses Bildes ruft in mir wieder alte Gefühle wach. Sie sind mit Angst und Verzweiflung gekoppelt, mit mir inmitten des dichten Nebels. Das ruft ein Verloren-Sein und eine Hoffnungslosigkeit hervor, gepaart mit der Angst, aus diesem Dickicht nie wieder herauszufinden, da es schlicht keine Türe gibt, deren Klinke man nur herunterdrücken müsste.

Die dahinterstehenden physiologischen Erklärungen haben mir persönlich sehr geholfen. Sie ließen mich erkennen, dass das Gefühl totaler Orientierungslosigkeit in meinem Leben auch einen körperlichen Grund hat. Zugleich entfachte dieser Gedanke auch immer die Hoffnung in mir, dass die Zeit mir hier zumindest ein Stück weiterhelfen kann. Denn unser Körper als Wunderwerk »repariert« sich ja an vielen Stellen selbst.

Die Frage, die ich mir jedoch stellte, war: Welchen Beitrag kann ich aktiv leisten, damit neue Verbindungen geknüpft werden?

Warum unser Körper in permanenter Alarmbereitschaft ist

Neben der Störung der Reflexionsfläche der Spiegelneuronen sind die Zusammenarbeit und Kooperation beider Gehirnhälften während eines Trauerprozesses erheblich gestört. Um diesen Vorgang in seiner Komplexität zu verstehen und auch, was dadurch in uns geschieht, ist es notwendig zu wissen, dass jede Gehirnhälfte verschiedene Aufgaben bewältigt. Das Zusammenspiel beider Gehirnhälften bedingt, dass wir in Balance sind und uns wohlfühlen. Die Balance beider Gehirnhälften führt zu einem inneren Wohlgefühl. Durch einen Balken sind beide Gehirnhälften miteinander verbunden, in Krisenzeiten jedoch ist diese Verbindung gestört bzw. »läuft« nicht mehr reibungslos. Warum?

Die rechte Gehirnhälfte steht für vernetztes Denken und Emotionen. Sie verleiht dir die Möglichkeit, auf deine Intuition zu hören, sie steht sinnbildlich für die Weiblichkeit, die weibliche Energie. In tiefgreifenden Prozessen zeigt sich besonders in dieser Gehirnhälfte eine gesteigerte Aktivität, vor allem im sogenannten rechten Mandelkern und in den rechten Sehzentren. Der Mandelkern ist wiederum mit unserem Unterbewusstsein verbunden. Er ist Teil des limbischen Systems, in dem unsere Gefühle verankert sind. Der sogenannte Mandelkern bzw. das limbische System übernehmen die Führung, wenn wir uns in Stress-, Krisen- und/oder Angstsituationen befinden, etwa auch im Trauerprozess. In einer solchen Situation übernimmt das limbische System die Kontrolle, noch bevor unser Verstand die Situation überhaupt begreifen kann.

Evolutionsgeschichtlich gehört das limbische System zum älteren Teil des Gehirns und seine Programmierung geht auf die Zeit unserer Urahnen zurück. Es war und ist dafür verantwortlich, dass wir in Gefahrensituationen schnell reagieren können, wie z.B. fliehen, erstarren oder uns in Form von Aggression wehren. Diese Reaktionen können durchaus abwechselnd ablaufen und sind nicht bewusst steuerbar, da sie das Unterbewusstsein auslöst. In diesem Zusammenhang werden Hormone wie Adrenalin und Cortisol ausgeschüttet, die wir im Trauerprozess auch zu spüren bekommen. Das erklärt recht gut, das Gefühl »des flüchten Wollens«, der »Erstarrung« oder des »sich Wehrens«. Der »Leidende« kann keine Ruhe mehr finden, da die ständige Hormonausschüttung, begründet in jenem alten evolutionsgeschichtlich angelegten Teil des Gehirns, nicht gestoppt werden kann.

Wir haben hier nur einen indirekten Zugang, d.h. das Unterbewusstsein übernimmt das Steuer, was die bereits beschriebene Hilflosigkeit hervorruft. Wir fühlen uns buchstäblich ständig in einer Gefahrensituation, obwohl von außen keine Gefahr zu erkennen ist. Aus dieser Erklärung lässt sich gut eine »Behandlungsforderung« ablesen. Dabei ist es das Ziel, auf das limbische System Einfluss zu nehmen, um das Angstgefühl und den Stress umzuprogrammieren, damit beide Gehirnhälften wieder in einem harmonischen Einklang zusammenwirken können. Doch zuvor betrachten wir, was während des Zustands der Trauer in der linken Gehirnhälfte geschieht.

Die linke Gehirnhälfte ist für das analytische Denken zuständig. Sie liefert dir Kraft und steht sinnbildlich für die männliche Seite, die männliche Energie. Im Trauerprozess wird das Sprachzentrum aufgrund der starken emotionalen Belastungssituation weniger durchblutet. Die linke, aber auch die rechte Gehirnhälfte sind unter anderem arbeitsteilig für das Sprechen zuständig. Die linke Hirnhälfte übernimmt die Aufgabe, Wörter zu erzeugen, zusammenzustellen oder zu analysieren. Die rechte Gehirnhälfte ist dafür zuständig, Klangmuster zu interpretieren. Genau jenes Zusammenspiel wird in Krisen gestört, Worte können nicht mehr gefunden werden.

Neben der Rolle der rechten und linken Gehirnhälfte ist bei inneren Prozessen auch der Hippocampus bedeutsam. Er ist eine Gehirnregion, die eng mit dem präfrontalen Kortex zusammenarbeitet, und hat die Aufgabe, die vielen Informationen zu bündeln, die im Gehirn zusammenlaufen. Während einer Depression, einer Krise, bei einem Trauma oder auch bei einem Burnout »schrumpft« der Hippocampus. Infolgedessen können Informationen nicht mehr in der Art und Weise gebündelt und verarbeitet werden, wie dies für ein ausgewogenes Verhältnis notwendig ist. Der Hippocampus arbeitet eng mit dem Hypothalamus und dem Mandelkern zusammen. Der Hypothalamus ist für die Hormonproduktion zuständig, etwa für Serotonin, Melatonin, Cortisol und Adrenalin. Diese gerät aus dem Gleichgewicht und bewirkt, dass wir gefühlt ständig unter Strom stehen, nicht mehr zur Ruhe kommen, das vegetative Nervensystem überlastet ist: Parasympathikus und Sympathikus harmonisieren nicht mehr miteinander – es entsteht eine Disbalance. Was natürlich auch wieder Auswirkungen auf die Arbeit zwischen beiden Gehirnhälften hat.

Und damit auf die Steuerung unserer Gefühle und Emotionen. Eine Aufgabe, die der Mandelkern steuert: Er ist dafür zuständig, Gefahren zu bewerten und eine Abwehrreaktion einzuleiten, noch bevor uns die Gefahr gedanklich bewusst wird. Eine Störung dieses Teils des Gehirns führt dazu, dass Urinstinkte freigesetzt werden.

Meine Gedanken

Kapitel 2

Trauer erleben und erste Orientierung finden

Trauer ist so individuell, wie wir es als Wesen sind. Jeder Mensch ist einzigartig und in dieser Einzigartigkeit nicht duplizierbar. Genauso verhält es sich mit dem Gefühl der Trauer in uns. Das Gefühl und der Prozess sind ebenso individuell, wie du es bist. Ich beobachte häufig, dass in der Trauerbegleitung mit Stufenmodellen gearbeitet wird. Um ehrlich zu sein, sehe ich diese Betrachtungsweise kritisch. Tatsächlich führte mich das Stufen-Modell nicht weiter. Ich las davon in vielen Büchern und erhoffte mir, schnell wieder die Alte zu werden, wieder spüren und leben zu können, Stufe für Stufe durch meine Trauer zu gehen. Ein Trugschluss – z.B. das mit der Stufe der Wut auf den Verstorbenen. Ich stellte mir die Frage, wie ich auf meinen Mann wütend sein könnte, der »unabsichtlich« einen Herzinfarkt beim Joggen bekam und daran verstarb. Ich erkannte, dass manche Phasen sich abwechseln, sogar ausbleiben können und sich schon gar nicht aktiv herbeiführen lassen. Ein Geheimrezept zur Linderung der Trauer gibt es also nicht. Was jedoch allen Stationen gemein ist, ist eine tiefsitzende Angst vor dem Unbegreiflichen, eine Art Todesangst, geprägt von einem nicht rational gesteuerten Verstand und einer inneren Unruhe, die einen treibt und nicht zur Ruhe kommen lässt – einem regelrecht die Luft zum Atmen nimmt. Sie stellt sich ein, wenn der erste Schockzustand schwindet.

Denke ich zurück an damals, kann ich mich nur noch in Fragmenten daran erinnern, was nach dem Tod meines Mannes geschah, da der »Nebel im Kopf« vieles verdeckte. Wir verließen das Krankenhaus in dem Wissen, dass Olaf noch obduziert werden sollte und fuhren auf Anlass meines Vaters in einen Supermarkt, um dort etwas zu essen zu kaufen. Es war seine Art, etwas zu tun, um nicht durchzudrehen. Meine Schwiegereltern und ich folgten ihm wie betäubt und ich weiß noch, dass ich dort ständig das Gefühl hatte, dass alle Menschen mich anstarrten. Ich dachte: ›Mir sieht jeder an, dass ich nun Witwe und alleinerziehend bin.‹ Das war natürlich vollkommener Blödsinn. Aber diese Empfindung spiegelte meine seelische Verfassung wider: Ich fühlte mich nackt und bloßgestellt. Schutzlos – mit einer neuen Rolle ringend, Angst habend, diese anzunehmen. Zu Hause angekommen, schloss ich unseren Sohn in meine Arme. Es war das Einzige, was mir eine gewisse Ruhe schenkte – diese Liebe und das Band zwischen uns zu spüren.

Auch Olafs beste Freunde kamen, um mir zu helfen und mich zu unterstützen. Diese Hilfe äußerte sich in hektischem Treiben. Es gab ja nun eine Menge zu erledigen: Beerdigung planen, Rente beantragen, Überlegungen anstellen, wie wir (Tim und ich) überhaupt weiterleben könnten, auch finanziell. Unser »heiliges« Heim wurde zur Kommandozentrale, Code: »Organisation des Weiterlebens von Tim und Sandra«. Was als gut gemeinte Unterstützung gedacht war, überforderte mich an vielen Stellen. Ich ließ es, wie so einiges, einfach über mich ergehen. Es war mir schlicht und ergreifend egal, nichts hatte mehr Bedeutung und Sinn, bis auf Tim. Ich hatte das Gefühl, ich schaltete innerlich ab: Ich war nicht mehr in der Lage zu fühlen, konnte nicht weinen, keine Ruhe mehr finden, bis auf kurze Momente mit unserem Sohn. Heute weiß ich, dass das eine ganz typische Schockreaktion ist. Unser Körper schützt uns so psychisch und physisch davor, dass der Schmerz über den Verlust uns nicht umbringt.

Was brauchst du?

Was wir selbst im Moment der Trauer brauchen, dieser Blick und eine klare Antwort auf diese Frage, wird uns häufig durch die uns in unseren Grundfesten erschütternde Kraft der Trauer versperrt. Umso wichtiger und bedeutender ist eine Begleitung, die dich dabei unterstützt herauszufinden, was du brauchst, was dir guttut.

Mein Mann war für mich immer mein starker und kräftiger Baum, der jedem Sturm trotzte. Mit seinem Tod fiel dieser Baum einfach um. Seine Wurzeln verließen die Erde, ich sah diesen Baum am Boden liegen und mich mit ihm. Mit dem Tod des geliebten Menschen verlieren auch wir unsere eigene innere Stabilität und Sicherheit. Wir müssen erst wieder Halt gewinnen, neue Wurzeln aufbauen, um den Stürmen des Lebens zu trotzen. Trauer und Schmerz jedoch tragen – auch wenn sich das in dem Moment für dich noch unrealistisch anhört – die Kraft in sich, unsere Augen für die Schönheit der Dinge zu öffnen, die wirklich wichtig sind im Leben. Viele meiner Klientinnen und Klienten erkennen, wie bedeutsam kleine Momente des Glücks und Friedens in uns sind, während materielle Dinge an Bedeutung verlieren; denn in Phasen tiefer Trauer wird uns klar, dass all das, was wir im Außen als Reichtum bezeichnen, am Ende nichts zählt. Wir kommen mit leeren Taschen und gehen mit leeren Taschen. Was wir mitnehmen und was nie verloren geht, sind die Liebe, die Güte, die Hingabe, die Erfahrungen, die wir hier auf Erden sammeln.

Ich wünsche dir von Herzen, dass du in dir Reichtum findest. Ich wünsche dir sehr, den Glauben an dich selbst wiederzufinden, denn dieser gibt dir Orientierung, Ruhe und eine gewisse Gelassenheit.

Sieh, spüre und fühle, was in dir steckt, nimm diese Anbindung wahr; sie schenkt dir Vertrauen und die Gewissheit, dass du alles, was dir im Leben begegnet, meistern kannst. Dein Geburtsrecht ist es, mit den Gaben und den Möglichkeiten ausgestattet zu sein, die dich durch alle Stürme des Lebens tragen. Die Kunst ist zu erkennen, was der richtige Weg ist, um jeden Sturm zu überstehen. Es wartet eine Belohnung auf dich, wenn du die stürmischen Zeiten des Lebens meisterst. Es ist der Lohn, Ruhe in dir selbst zu finden und damit die Anbindung an alles, was ist. Lebe, lebe in vollen Zügen, lehne dich nicht gegen den Widerstand auf, gehe mit dem Widerstand, damit du nicht zerschellen wirst an den Anforderungen, die an dich gestellt werden. Du wurdest perfekt ausgestattet – ausgestattet, um alles zu überstehen, was auf dich zukommt, so wie jede Rose ihre Wurzeln in die Erde gibt, um ihre Schönheit in den Himmel ragen zu lassen.

Die Rose oder: Wie du dich neu ausrichtest

Wie zuvor schon erwähnt, wurde ich schon oft von Klientinnen und Klienten gefragt, ob es nicht eine Art Stufen- bzw. Phasenplan gebe, den man durchlaufen könne, damit wieder alles »normal« würde. Meine Antwort ist eindeutig: Nein, es gibt keinen Stufen- oder Phasenplan. Denn so, wie du bist, so individuell ist auch deine Trauer. Eine der radikalsten Erfahrungen im Leben ist der Tod eines geliebten Menschen – es ist die Erfahrung einer Grenze, ein Weg ins Nichts , sie ist radikal und bis aufs Äußerste schmerzhaft. Die Botschaft, die hinter der Trauer steckt, ist, dass dein Leben nie wieder so werden wird, wie es war, da du nie mehr die- oder derjenige bist, die oder der du vorher warst. Das ist radikal und gleichzeitig möchte ich dir damit Hoffnung machen. Hoffnung, dass du deine persönliche Trauer als Chance sehen kannst. Als Chance, dich und dein Leben neu kennenzulernen.

Ganz nüchtern betrachtet ist es so, dass dein Leben sich elementar verändert hat. Diese Veränderung ist nicht umkehrbar, selbst wenn du dich immer wieder mit dem Gedanken blockierst, dass du diese Veränderung nicht willst. Das wird nichts an der Gesamtsituation ändern, und es wird dir auch nicht helfen. Bist du aber bereit, zumindest den Gedanken anzunehmen, dass es auch eine Chance sein kann, sich nun neu kennenzulernen und die Welt neu zu entdecken, dann ist dies ein ganz anderer Energiefluss. Ich bin mir bewusst, dass diese Haltung nicht konsequent durchgehalten werden kann; dennoch ist alleine der immer wieder aufkommende Gedanke, dass das Leben wieder lebenswert werden kann, tief mit der Hoffnung auf eigene Heilung verbunden.

An dieser Stelle möchte ich nun Inspirationen einfließen lassen. Sie möge dir – wie in der Einführung schon beschrieben – den Weg zurück ins Leben leichter machen. Lies, fühle sie und lass sie auf dich wirken, ohne sie gleich zu analysieren und zu durchdenken. So bist du auf einem guten Weg in dein Leben, zu mehr Halt und Sicherheit und einer neuen Ordnung, die den Schleier und die Nebel der Trauer langsam lichten werden. Dies ist eine der wirkungsvollsten »Trainingsmethoden« des Geistes, da sie dein Inneres, deine Seele berühren und dich so für eine andere Sichtweise öffnen. Wenn du sie nicht lesen, sondern hören möchtest (was eine noch bessere Wirkung entfaltet, da du dich stärker darauf konzentrieren kannst), nutze den jeweils bei den Texten angegebenen QR-Code. Der Code führt auf eine Seite im Internet, auf der alle Hördateien zu finden sind. Such dir die betreffende aus und starte direkt dein Hörerlebnis. Hör oder lies die Dateien, die dir guttun immer und immer wieder:

Inspirationen

So oft habe ich das Wunder des Lebens mit Füßen getreten, ich habe meine Einzigartigkeit verleugnet und bin den Weg der Dunkelheit gegangen, da ich nicht bereit war, meine eigene Göttlichkeit anzuerkennen und mit Freude die Gaben zu leben, die mir mit in dieses Leben gegeben wurden. Ich nehme hier und jetzt voller Demut die kostbare

Verbindung von Himmel und Erde wahr, nehme meine eigene Schönheit und Liebe als Geschenk entgegen und erkenne ihren Wert. Es ist der Wert des ICH-BIN. Der Wert des ICH-BIN ist eine kostbare Energie, die mich zu Reichtum und Fülle führen wird, in tiefer Anbindung und dem Glauben an das Göttliche und die einzigartige Bestimmung, die wir alle haben. Jetzt und für immer bin ich nun bereit, zu empfangen und die Liebe zu leben, die mir mit auf diese Erde gegeben wurde. Es ist die göttliche Liebe, die es mir ermöglicht, mit Dankbarkeit auf alles in meinem Leben zu schauen, was mir begegnet – ich bin Liebe und lebe diese Liebe, lichtvoll und bedingungslos.

Kennst du deine eigene »Wunderbarkeit«?

Weißt du um deine Einzigartigkeit? Deinen Selbstwert?

Liebst du dich selbst? Ehrst du dich?

Was brauchst du, um in dir die Liebe zu finden?

Was sind deine Wünsche?

Welchen Teil in dir hat deine Trauer besonders lahmgelegt?

Wie reagierst du auf Schocksituationen?

Was leitet dich?

Bist du bereit, dem Aufmerksamkeit zu schenken, was nicht mit den bloßen Augen erfassbar ist?

Bist du bereit, in die Stille hineinzuhören und zu erkennen, dass es dort ganz laut sein kann?

Bist du bereit, ein Stück Magie und Zauber in dein Leben zu lassen?

Bist du bereit zu heilen?

Das sind ein paar Fragen, die bei einem bewussten Trauerprozess helfen, Trauer und Schmerz heilend zu verarbeiten. Sie sollen auch dir bei der Verarbeitung deines Schmerzes dienen. Bevor wir diesen und damit deine Neuausrichtung näher betrachten, gilt es, als Erstes deinen Schmerz zu lindern und die »Wunde« zu versorgen.

Bist du bereit zu heilen?

Die Wunde versorgen

Wenn uns ein geliebter Mensch verlässt, hinterlässt das eine riesige innere Wunde. Diese darf und möchte ebenso versorgt werden wie eine äußerliche Wunde. Auch wenn sie nach außen hin nicht sichtbar ist, ist doch eines geschehen: Der oder die Zurückgebliebene ist in sich erschüttert, so wie eine Straße, ein Weg nach einem schweren Erdbeben erschüttert und aufgebrochen ist. Dieser muss als Erstes versorgt, dann repariert oder ein neuer gefunden werden, damit du deinen Weg fortsetzen kannst. Schenkst du der Erschütterung keinen Raum und keine Aufmerksamkeit und versuchst, einfach so weiterzumachen wie bisher, wird das enorme Auswirkungen auf dein Fortkommen haben. Da du innerlich erschüttert bist, wirst du bei jeder weiteren Erschütterung mehr und mehr zerrüttet. Die große Frage, die sich nun stellt, ist: Wie kannst du deinen Weg »reparieren« oder dir einen neuen Weg suchen? Selbst wenn dich Gefühle der Ohnmacht und des Durchdrehens, des Nicht-Aushalten-Könnens überfallen, diese Wunden der Trauer brauchen Heilung. Sie brauchen ein genaues Hinsehen auf den Schmerz und auf den Teil, der mitgestorben ist. Denn mit dem Tod eines geliebten Menschen geht auch immer ein Teil von uns, von dir mit diesem Menschen in den Himmel. Es ist jener Teil, der sich – auch wenn die Beziehung auf der physischen Ebene zerbrochen ist – nach dem geliebten Menschen sehnt.

Den Schmerz annehmen

Leider führt der Weg der Heilung nur durch den Schmerz. Du kannst ihn wegdrücken, dich ablenken oder ihn annehmen. Dazu schreibt die Schriftstellerin Marie von Ebner-Eschenbach (1830-1916): »Der Schmerz ist der große Lehrer der Menschen. Unter seinem Hauche entfalten sich die Seelen.« Tatsächlich – das habe auch ich festgestellt – gilt: Wenn die Trauer an deine Haustür klopft, so kann sich damit eine Tür öffnen. Die Frage ist: Bist du bereit, die Tür zu öffnen?

Im Leben gibt es zwei elementare Erfahrungen, die wir alle machen und durchleben: Tod und Geburt. Und beide bringen eine ganz entscheidende Kraft mit sich, die der Veränderung! Mit dieser verändernden Kraft wird auch immer ein Potenzial frei, denn der Mensch wird im Angesicht von Geburt und Tod sehr demütig und – das würde ich dir sehr wünschen – hört in sich und lauscht, was der Schmerz zu sagen hat. Bevor wir uns dieser Frage widmen, sind zwei Dinge wichtig zu klären, denn sie behinderten meinen Blick auf den Schmerz: die Schuldfrage und das Chaos.

Die Schuldfrage abstellen

Lange Zeit begann ich, mir die Schuld an dem zu geben, was passiert war. Wie bei einem Gedankenkarussell, das sich in einer Dauerschleife befand, fragte ich mich: Was hätte ich tun müssen, damit das Schlimme keinen Zugriff gehabt hätte, damit der Tod nicht eingetreten wäre? Viele, viele Annahmen und Stationen bin ich dabei im Kopf durchgegangen, die man »besser« anders hätte gestalten und beeinflussen können, damit ich den geliebten Menschen nicht verloren hätte. Der Schein dieser Überlegungen trügt und bringt zusätzliche Unruhe: Er wühlt auf und macht noch verwirrter.

Warum also machen Trauernde das? Schuld zu übernehmen impliziert den Wunsch, aktiv an der Situation etwas ändern zu können. Erkläre ich mich selbst schuldig, gilt mir das Gefühl, vermeintlich Einfluss auf die Situation nehmen zu können, die ich nicht ertrage. Wir müssen lernen, uns von solcher Schuld freizusprechen und stattdessen dem Leben Vertrauen zu schenken. Die Akzeptanz, dass man nichts ändern kann, ist der erste Schritt, sich von Schuld freizusprechen und Trauer zuzulassen, die uns auf uns selbst zurückwirft und in ein großes Chaos stürzt.

Es gibt keinen Weg zurück - das Chaos akzeptieren

Wir haben die Wahl, ob wir es schaffen wollen, wieder Glück, Freude und Leichtigkeit zu spüren, oder ob wir uns von Schmerz, Angst und Chaos gefangennehmen lassen wollen bzw. uns mit Aktionismus, Alkohol und Drogen ablenken. Um zu heilen, ist es notwendig, das Chaos zu akzeptieren, das der Tod eines geliebten Menschen hinterlassen hat. Es ist notwendig zu akzeptieren, dass alles um uns herum anders ist als früher, dass wir nun – um auf ein früheres Beispiel mit dem Wasserrohrbruch zurückzukommen – mit dem entstandenen Durcheinander umgehen müssen. Das gilt es anzunehmen, denn mit dem Chaos und dem Aushalten des Chaos ist es möglich, dass eine neue Ordnung entstehen kann.

Wenn du bereit bist, dich dem Chaos zu stellen und dich darauf einzulassen, signalisierst du damit deine Bereitschaft zu Veränderung und Wachstum. Die Kunst ist es, dieses Chaos anzunehmen und die Unruhe in dir nicht zu betäuben, auch wenn dich die Trauer immer wieder durchbranden wird. Mehr dazu liest du in Kapitel 3, das dir auch zeigt, was dich stärkt. Doch zuerst ist es wichtig, das Chaos in dir anzunehmen, als Vorbereitung dafür, wieder Orientierung zu finden. Ich lade dich hier zu einer Gedankenreise[2] ein. Sie soll dich erfüllen und dir Ruhe schenken.

2 An dieser Stelle möchte ich anmerken, dass die Gedankenreisen und meditativen Geschichten Seelenprozesse anstoßen. Das bedeutet, sie haben nicht von heute auf morgen Antworten parat, sondern führen uns nach und nach zu unserem Ziel. Diese Erkenntnisse ebenso wie die Rückkehr ins Leben und unsere Neuausrichtung finden auf unterschiedlichen Ebenen und zu unterschiedlichen Zeiten statt, wie du in Kapitel 3 sehen wirst. Gleichzeitig ist es wichtig, ins Jetzt zurückzukommen und ein neues Normal innerhalb deiner Trauer wieder zuzulassen.

Gedankenreise

Entdecke deine Macht und Kraft

Stell dir vor, dass du dich in einem goldenen Raum befindest. Die Wände leuchten in golden schimmernder Farbe, überall säumen Kerzen den Boden und flackern auf und ab und spenden ein wunderschönes Licht, das Wärme und Geborgenheit vermittelt. Inmitten dieses magischen Raumes befindet sich ein Becken, gefüllt mit einer goldenen Flüssigkeit, die dickflüssig wirkt. In dieses Becken ragen goldene Stufen und du wirst nun eingeladen, in dieses Becken zu steigen. Du ziehst langsam deine Kleidung aus, Stück für Stück, achtest auf deinen Atem. Er begleitet und trägt dich liebevoll und bedingungslos, er schenkt dir immer mehr Ruhe und verbindet dich mit dir. Mit dem Ablegen deiner Kleidung fühlst du dich freier und wohl. Du gehst behutsam auf das Becken zu, steigst die wenigen Treppen hinab und berührst mit dem linken Fuß die goldene Flüssigkeit. Sie umspült deinen linken Fuß langsam, dann auch den rechten Fuß.

In dem Moment, in dem du beide Füße in diese heilige Flüssigkeit eingetaucht hast, erfüllt dich ein Wärmestrom, der deinen Körper von den Füßen bis zum Kopf durchfließt. Von dieser Geborgenheit getragen steigst du weiter in die Flüssigkeit und trittst vollständig in das Becken ein. Eine sehr kraftvolle Energie erfasst dich. Du breitest deine Arme aus und legst dich nun auf deinen Rücken. Die goldene Flüssigkeit trägt dich und durchströmt jede Pore deines Körpers, beginnend bei den Füßen weiter über die Beine, den Rumpf, dann über deine beiden Arme und schließlich um deinen Kopf herum. Du wirst umspült, getragen und gehalten, und es fühlt sich so wunderbar an, denn ein tiefer Wunsch in dir wird hier wahr: Du wirst gehalten und getragen, so wie ein Baby im Mutterleib gehalten und getragen wird.

In Gedanken versunken und deinen Körper spürend, spricht dein Herz zu dir: »Ich danke dir, liebe Seele, dass du mir nun Beachtung schenkst, dass du nun bereit bist, ›ver-rückt‹ zu werden, um deinen Lebensweg, deine Vision anzunehmen. Der Weg dorthin führt immer über eine neue Ordnung, die nur über Chaos erreicht werden kann. Nimm dieses Chaos liebevoll an, denn es entsteht dadurch der Raum, der notwendig ist, um deine Kraft und Macht zu stärken. Diese Kraft und Macht ist nichts anderes als die reine Liebe. Du darfst nun erkennen, dass du Teil des Göttlichen bist. Kreiere dir deine Wirklichkeit und bleibe dir selbst treu. Ich werde dir dabei helfen. Höre auf mich, dein Herz; das wird der Weg sein, die Ordnung wiederherzustellen.«

Du genießt diesen einzigartigen Augenblick, bist gebannt von dem, was dich hier umgibt. Und auch, wenn du nicht alles verstehst, so spürst du doch die Ruhe, die durch die Worte deines Herzens in dich geflossen ist. Dieser Augenblick schenkt dir ein Gefühl von Ewigkeit, und dieses Erlebnis wird gekrönt von einer weiteren magischen Begegnung, denn mit einem Mal erblickst du einen Engel, der den Raum in einer Art und Weise erhellt, dass du geblendet bist. Dieser Engel hat seine Flügel weit ausgebreitet, erstrahlt in einem wunderschönen Blau, das sich unnachahmlich mit dem Gold des Raumes und des Beckens paart. Er überbringt dir eine Botschaft:

»Ich bin der Engel der Klarheit. Der Weg zurück ist nicht möglich; mit jedem Schritt, denn du gegangen bist, entwickelst du dich weiter. Bleibe dir selbst treu und nimm die Wirklichkeit so an, wie sie ist. Entdecke ihr Potenzial und entdecke deine Macht, dass du Einfluss auf alles hast, was dich umgibt und was dich trägt. In der Ruhe liegt die Kraft, hadere nicht, verzweifle nicht. Das Leben ist ein Entwicklungsprozess, das auf Wachstum ausgelegt ist. Dieses Wachstum ist nur möglich durch die schmerzvollen Erfahrungen, die uns prägen, die Chaos schaffen, um eine neue Ordnung in dir entstehen zu lassen, die aus einer anderen Sichtweise genährt wird. Sieh dich in einem größeren Zusammenhang, den des Kosmos.

Akzeptiere und vertraue darauf, dass du geführt und nie verlassen wirst. Und auch, wenn es schwer ist, nimm diese Wahrheit an: Du bist für alles verantwortlich, was in deinem Leben geschieht. Das ist eine alte Weisheit, die dir hier und heute zuteil wird. Ich möchte dir damit Hoffnung schenken, die deine Angst vor dem Neuen reinigt und verwandelt in eine Kraft und Macht, getragen von deiner Liebe zu dir selbst, die dich hierhergeführt hat.«

So schnell wie der Engel erschien, so schnell ist er auch wieder weg, und auch für dich ist es nun Zeit, das Becken zu verlassen, um wieder in deinen Alltag zurückzukehren, bereit, dem Chaos eine neue Ordnung zu geben, in dem tiefen Wissen, dass du nicht alleine bist, sondern Teil eines großen Ganzen.

Unter diesem QR-Code kann die Gedankenreise angehört werden. Such dir dazu auf der Internetseite die Gedankenreise »Entdecke deine Macht und Kraft« aus.
https://come-back-life.de/gedankenreisen/

Was will der Schmerz uns sagen?

Schmerz macht uns darauf aufmerksam, dass wir Teil eines großen Ganzen sind. Er will unseren Blick für die größeren Zusammenhänge in unserem Leben weiten. Dieser Lebensanschauung Vertrauen zu schenken ist nicht leicht. Weil die Achterbahn der Gefühle uns immer und immer wieder mit auf ihre wilde Fahrt nimmt, uns auf und ab schleudert. Um diesem haltlosen Wirbeln entgegenzuwirken, hat mir – wie es in der Gedankenreise eben schon anklang – das Wissen, dass ich ein Teil eines großen Ganzen bin, große Kraft gegeben. Es war für mich eine Art Rettungsseil auch in dunkelsten Stunden und hat mir Kraft gegeben für die schmerzlichen Fragen:

»Was ist der Sinn des Lebens?!

»Wofür lebe ich?«

»Was erwartet mich noch?«

Für mich war und ist es nach wie vor eine feste Aufgabe, diesen Fragen auch heute noch Raum und Platz einzuräumen und ihnen nachzugehen. In meiner Trauer war die Beschäftigung mit ihnen essenziell: Sie halfen mir, einen tieferen Sinn in dieser schweren Zeit zu sehen und der Verzweiflung entgegenzutreten. Darum ist Trauerarbeit so wichtig! Es geht nicht nur darum, dem Verstorbenen einen neuen Platz im Leben zuzuordnen, indem du dich zum Beispiel damit beschäftigst, wohin wir gehen, ob es ein Leben nach dem Tod gibt und wie verschiedene Religionen und Glaubensschulen das Thema betrachten, sondern dass du dich neu kennenlernst und ausrichtest.

Um die Fragen, die auf dich und dein Leben ganz grundsätzlich ausgerichtet sind, wahrhaft beantworten zu können, gilt es, genau hinzusehen und sich den eigenen Ängsten zu stellen. Denn gerade im Trauerprozess treten verborgene Ängste besonders zutage. Veraltetes und Verdecktes werden an die Oberfläche gespült.

Ich erinnere mich in diesem Zusammenhang immer wieder an Nächte, in denen ich solche Ängste ausgestanden habe, dass ich kaum atmen konnte und mich nicht traute, das Bett zu verlassen, um durch den dunklen Flur zu unserem Sohn zu laufen. Diese Ängste stammten aus meiner Kindheit, die Dunkelheit hatte mich zu diesem Zeitpunkt komplett im Griff, die Nächte waren eine Qual, die Tage auch, aber dann war es zumindest hell und Licht da. Ich hatte Angst vor Dunkelheit und ganz besonders vor dem Alleingelassen Sein. Das ist eine der großen Urängste, die viele von uns kennen. Diese alten Ängste gilt es zu entlarven und die Botschaft, die sich hinter Angst verbirgt, zu entschlüsseln. Denn Angst entsteht nie ohne Grund. Wenn du deiner Angst nachgehst, kannst du womöglich sehen, woher sie stammt, auf was sie dich aufmerksam macht oder wovor sie dich schützen wollte und will. So kannst du ihr ein Stück weit den Schrecken nehmen und bist in der Lage, wieder Sicherheit in dir zu finden. Indem du dich und deine Gefühle einordnen, verstehen und sie deuten kannst, wirst du vor allem auch eines wieder – stärker und handlungsorientierter!

Gedankenreise

Vertrauen ins Leben

Ich möchte dich nun auf eine Reise einladen, die dich zu dir und zu deinem Innersten bringt, und dich ermutigen, dich selbst zu betrachten. Stelle dir hierfür vor, dass du auf einer wunderschönen Wiese stehst. Es ist Sommer und der Wind weht leicht durch dein Haar. Du riechst den Sommer, riechst die Blumen, hörst die Vögel zwitschern und du breitest deine Arme aus. Getragen von dieser harmonischen Atmosphäre richtest du deinen Blick zum Himmel und beginnst, dich zu drehen - vor lauter Übermut, weil dieser Moment einfach so schön ist. Du atmest tief ein und aus und lässt den Atem ganz tief in dich strömen und du lässt ihn wieder los - ganz bewusst, in dem Wissen, dass sich dieser Rhythmus immer und immer wieder wiederholen wird.

Verzaubert von diesen Eindrücken, setzt du dich nun auf die Wiese, ziehst deine Knie an und wirst ruhig, ganz ruhig. Dieser Augenblick ist perfekt: Er schenkt dir Ruhe - getragen von der sanften Geräuschkulisse des zarten Windes, den zwitschernden Vögeln und dem damit stetigen Rauschen, das dich liebevoll trägt und deine Gedanken weiterziehen lässt.

Plötzlich erblickst du am Himmelsgewölbe einen weißen Punkt, der auf dich zukommt. Der weiße Punkt kommt näher und näher und wird größer und größer. Und je näher der Punkt kommt, desto verwunderter bist du, denn du meinst zu erkennen, dass es ein weißer Pegasus, ein geflügeltes Pferd, ist, der seine Flügel weit aufgespannt hat. Und mit jedem Augenblick, der vergeht, wird diese Vermutung mehr und mehr zur Gewissheit: Es wird ganz deutlich, dass dieser Pegasus zu dir will.

Er fliegt gezielt und lautlos auf dich zu und du bewunderst seine Anmut, Majestät und Leichtigkeit. Du fühlst dich magisch erinnert, dass du dieses Wesen von einer anderen Ebene kennst. Es ist dir vertraut. Als der Pegasus landet, wird dir durch einen Blick in seine Augen klar: Ihr beide seid euch vertraut. Der Pegasus lädt dich ein, auf seinen Rücken zu steigen. Ohne zu zögern und zu überlegen, stehst du auf und steigst auf den Rücken des Pegasus, der sich extra niedergelassen hat, um dir den Aufstieg zu erleichtern. Du findest Halt in seiner Mähne, schmiegst dich an und wie von Zauberhand erhebt sich der Pegasus und trägt dich mit sich davon – ihr fliegt. Ein unnachahmliches Freiheitsgefühl erfasst dich. Dein Herz ist leicht und beschwingt. Du spürst wieder Freude in dir und betrachtest die Welt nun aus einer anderen Perspektive. Alles scheint so klein und unbedeutend zu sein. Von dieser höheren Warte aus wird dir bewusst, dass wir alles oft in einem viel zu engen Rahmen sehen und betrachten. Du genießt einfach und lässt dich tragen, höher und höher.

Mit einem Mal ändert sich wieder etwas: Ihr bewegt euch durch eine rosafarbene Wolke hindurch, und du traust deinen Augen nicht, doch vor dir erhebt sich ein lichtdurchfluteter Raum. Der Pegasus landet und fordert dich auf abzusteigen. Du bist zunächst geblendet von dem alles durchdringenden hellen Licht und du brauchst einen Moment, um dich hier zurechtzufinden.

Achte wieder auf deinen Atem; erlaube deinen Gedanken weiterzuziehen und lass dich einfach ein auf diesen kostbaren Moment. Du steigst ab und wunderst dich, dass du in diesem zauberhaften Raum Halt findest und erblickst vor dir zwei Spiegel. Dein Bewusstsein macht dich nun darauf aufmerksam, dass diese Spiegel für dich bestimmt sind, um dich zu erkennen, um deine Wahrheit in dir zu sehen. Von diesem Gefühl begleitet, schreitest du langsam und behutsam auf die Spiegel zu, wohl wissend, dass hinter dem Spiegel ein weiteres, sehr lichtvolles Wesen steht, das einen der beiden Spiegel von hinten hält. Genau auf diesen Spiegel gehst du zu.

Du schaust in den Spiegel hinein und erblickst dich. Du siehst dich, siehst deine Trauer, deine Verzweiflung, deine Unruhe, deinen Schmerz – du siehst das Leid in dir in deinem Spiegelbild abgebildet. Gebannt von diesem schmerzvollen Anblick schaust du auf das lichtvolle Wesen, das nun mehr und mehr ein Gesicht bekommt, ein Gesicht, das dir wohl vertraut ist, und du fragst ganz intuitiv dieses Wesen: »Was soll das?« Warum muss ich mich selbst so sehen?« Und das Wesen antwortet dir: »Du darfst dich selbst in die Arme schließen und dir selbst die Liebe schenken, die es braucht, um wieder Glück und Freude und Frieden in dir zu finden. Du nimmst dir Zeit für so viele andere Dinge. Für dich selbst nimmst du dir aber zu wenig Zeit – um dich selbst zu umarmen und um dir die notwendige Zeit und Aufmerksamkeit zu schenken, die du brauchst und verdienst. Die Liebe zu dir selbst ist der Schlüssel, um im Leben Freude und Glück zu finden. Es ist ganz einfach, aber doch so schwer. Achte auf dich. Achte auf deine Bedürfnisse und höre auf die innere Stimme deines höheren Selbst, das dir zuflüstert, was es braucht. Und wenn du dir selbst diese Aufmerksamkeit schenkst, dann kannst du in den zweiten Spiegel blicken.«

Mit diesen Worten wendest du dich dem zweiten Spiegel zu und erblickst dein Selbst in einem strahlenden Licht. Es erfüllt und berührt dich sehr, dass du dich in diesem Licht anschauen darfst, und du erkennst in dir ein wunderschönes Wesen, zu dem du dich hingezogen fühlst. In diesem Moment spricht das lichtvolle Wesen weiter zu dir: »Sieh und erkenne, wer du wirklich bist. Habe Vertrauen, dass du geführt und gelenkt bist. Du bist ein Teil von etwas wesentlich Größerem, als du dir gerade vorstellen kannst, und du gehörst hierher. Hier ist deine eigentliche Heimat. Erinnere dich immer wieder daran, und dass es deine Aufgabe im Leben ist, dich zu lieben und zu ehren, damit du den Weg des Glücks und Friedens findest. Dieser Weg ist der Weg zu einem höheren Wohl, das allen dient. Dieses Geheimnis habe ich dir nun offenbart, damit du dir endlich den Raum nimmst, den du brauchst, um glücklich und zufrieden zu sein, damit Leichtigkeit und Freude zurückkehren dürfen. Dies kann nur geschehen in der Annahme deiner Trauer, deiner Verzweiflung und deines Schmerzes. Umarme dich und liebe dich!«

Erfüllt von diesen Worten, gibst du dir nun selbst ein Versprechen und sagst laut: »Ja, ich werde mir selbst mehr Aufmerksamkeit schenken, und ich habe nun das Vertrauen, meinen Lebensweg zu gehen, geführt von meiner inneren Stimme.« Und auch wenn du dies alles nicht verstehst, sei milde mit dir. Es wird kommen, wenn die Zeit dafür reif ist – habe Geduld und Verständnis mit dir. Nimm diesen Augenblick in dir auf, der dir dein höheres Selbst gezeigt hat und werde eins mit ihm.

Du schreitest nun langsam zurück zu dem Pegasus, der immer noch auf dich wartet, steigst auf und lässt dich zurück in deine Ebene tragen, die gerade für dich bestimmt ist. Langsam, ganz langsam schwebt ihr auf die Erde zurück. Zurück zu jener Wiese, wo deine Reise ihren Anfang genommen hat. Und mit einem Mal wird dir leicht ums Herz bei dem Gedanken an dein Versprechen, das du von nun an beachten wirst.

Unter diesem QR-Code kann die Gedankenreise angehört werden. Such dir dazu auf der Internetseite die Gedankenreise »Vertrauen ins Leben« aus.
https://come-back-life.de/gedankenreisen/

Der eigenen Intuition vertrauen

Kurz nach dem plötzlichen Tod meines Mannes fand ich mich in einem schrecklichen Zustand tiefster Angst wieder. Ich spürte, dass hinter dem Wort »Tod« mehr steckte als der Übergang ins Nichts, hatte aber das Gefühl, dass mein Mann noch irgendwie da war. Das jagte mir zusätzlich Angst ein, da ich nicht genug über ein Leben nach dem Tod wusste. Getrieben von dieser Angst konnte ich kaum schlafen. Unseren kleinen Sohn versorgte ich wohl oft schlafwandelnd, da ich mich kaum traute, nachts über unseren dunklen, langen Flur zu seinem Schlafzimmer zu laufen. Jeder wahrnehmbare Windhauch, jedes Knacken erschrak mich. Jeder Schritt war eine Qual und in meinem Schlafzimmer wieder angekommen, versteckte ich mich oft unter der Decke, nur in der Lage, mit einem kleinen Teelicht zu schlafen. Ich funktionierte wie eine Maschine, ferngesteuert, ums Überleben kämpfend und wie eine Löwenmutter, die sich schützend vor ihr Junges legt. Dies war wohl die bisher schlimmste Zeit meines Lebens, nahe am Wahnsinn; ich hatte den Glauben und den Mut verloren, dass sich dieser chaotische Zustand je wieder ändern würde.

Das Einzige, was mir Kraft und einen gewissen Halt gab, war unser Sohn. Er war auch der Einzige, der in mir noch ein positives Gefühl hervorrufen konnte. Und es ist reine Spekulation, aber ich weiß nicht, was aus mir geworden wäre, wenn dieses große Band der Liebe zu diesem kleinen Wesen nicht bestanden hätte. Mit seiner Unbekümmertheit und seiner tiefen Liebe zu mir, holte er mich aus so manch tiefem Tal. Diese Zeit der notwendigen Neuorientierung war so unsagbar schwer und trotzdem spürte ich immer wieder, dass ich mich nicht nur meinen Ängsten und meinem Schmerz stellen musste, sondern vor allem auch, dass ich meiner Intuition trauen konnte.

Ich musste einige Entscheidungen treffen und für uns kämpfen, für unser Leben, für eine Neuausrichtung, so wie ich sie mir und für uns wünschte. Wenn ich darauf zurückblicke, bin ich zutiefst erstaunt, wieviel Kraft in mir steckte, um so viele Schritte zu gehen, zu kämpfen und ein Ziel zu haben: Ich wollte ein selbstbestimmtes Leben für meinen Sohn und mich, indem ich wieder die Kontrolle bekam über unser Leben, unser Zuhause und unsere Zukunft.

Nach dem anfänglichen Schock, der mich zurück nach Köln, zu meinen Eltern führte, fand dort auch die Beerdigung meines Mannes statt. Gleichzeitig spürte ich ganz deutlich, dass ich wieder zurück nach Hause in unsere Wohnung nach Oberbayern wollte. Ich vertraute diesem Gefühl und ließ mich nicht von der Angst verführen, den vermeintlich einfacheren Weg zu gehen und in Köln bei meinen Eltern zu bleiben. Das, was mir sehr bewusst war, war, dass mir mein Leben zwar genommen wurde, so wie ich es mir damals gewünscht hatte: Doch, was ich mir nicht nehmen lassen wollte, war mein Zuhause, der Ort, an dem ich mich wohlfühlte.

Getragen von diesem Entschluss fuhren wir nach ein paar Wochen wieder nach Hause, ohne einen richtigen Plan, wie es weitergehen sollte. Trotz allem vertraute ich meiner inneren Stimme, und es sprühte in mir ein kleiner Funken Freude, als wir wieder nach Hause fuhren. Natürlich in dem Bewusstsein, dass »unsere« Wohnung so viele Erinnerungen trug, die mich hoffen ließen, meinem Mann wieder näherzukommen. Trotz meines Empfindens, richtig gehandelt zu haben, fühlte sich das Zuhause jedoch fremd an. Es galt nun, die Leere in mir zu füllen – mit neuen Erinnerungen, mit einem neuen Leben. Es folgten allerdings erst einmal viele Dinge, die einer nicht enden wollenden Berg- und Talfahrt glichen.

Die Tage zogen sich mitunter wie Kaugummi, und ich war sehr oft froh, einen Tag überhaupt überlebt zu haben. Immer wieder auf der Suche nach Ruhe und Halt, nach etwas Vertrautem in meinem Inneren, rang ich im Außen mit Fragen wie: Wie können wir die Wohnung weiter finanzieren? Zahlt die Risikolebensversicherung? Wie geht es mit den Firmen meines Mannes weiter? Wie schaffe ich es, dass endlich Ruhe einkehrt und nicht täglich neue Hiobsbotschaften folgen, etwa die Klärung des Erbscheins, damit ich handlungsfähig wurde? Ich funktionierte wie ein Roboter, der Papierberge abarbeitete, neben meinem Job als Gymnasiallehrerin in Starnberg und alles in steter Sorge, unserem Sohn gerecht zu werden, der meine Trauer natürlich hautnah mitbekam. Auch wenn er nicht verstand, was um ihn herum passierte – in all diesem Chaos, in dessen Folge ich immer »weniger« wurde, auch wenn es gelegentlich Lichtmomente mit meinem Sohn gab. Gleichzeitig hatte ich das Gefühl, dass die Endlichkeit unseres Lebens nicht alles sein kann, sondern dahinter noch viel mehr steckt.

Zeichen sehen

Es mag sich für dich vielleicht komisch anhören, aber ich bin der festen Überzeugung, dass es Zeichen gibt, die uns das Leben, das Universum schickt, damit wir Dinge erkennen und uns leichter entscheiden können. So träumte ich eines Nachts von meinem Mann – ein Traum, den ich auch heute noch in vollem Bewusstsein abrufen kann. In diesem begegneten wir uns auf einer anderen Ebene. Wir trugen tiefblaue Gewänder und lagen auf einem Bett, das ebenso tiefblau bezogen war. Wenn ich es heute beschreibe, sehe ich eine Art Himmelbett mit wehenden blauen Laken. Das Essenzielle an dieser Begegnung jedoch war, dass er mich in den Armen hielt: Ich spürte seine Liebe, seine Kraft und einfach seine Präsenz – sein Sein. Das war mein Mann, so wie ich ihn kannte, so wie er da war; er war nicht einfach weg. Seine Liebe war nach wie vor da und in diesem Moment war ich sehr erfüllt. Körperlich drückte sich diese Begegnung so aus, dass ich mich wohl und geborgen in seinen Armen fühlte. Etwas, das mir abhandengekommen war, weil ich körperliche Berührungen zu dieser Zeit kaum ertragen konnte. Natürlich war das Aufwachen umso ernüchternder. Gleichzeitig legte diese Begegnung in mir einen Grundstein, solchen Visionen vertrauen zu können.

Dieser Traum stärkte mich. Selbst wenn in meinem Leben immer noch großes Chaos herrschte, fiel es mir leichter zu erkennen, dass ich lernen musste, Stück für Stück wieder ins Leben zu finden.

Dieses Stück-für-Stück-ins-Leben-Finden war begleitet von vielen Ängsten – buchstäblichen Existenzängsten, die ich auch heute noch hin und wieder erlebe. Doch es passierte etwas Magisches, denn ich wurde zu meiner Herzenslehrerin geführt. Unsere erste Begegnung fand am Telefon statt und ich spürte schon vorher, dass sich etwas Großartiges ereignen würde. Etwas, das mir endlich wieder etwas Frieden und Ruhe bringen würde.

Die geistige Welt bejahen

Es war mein erster Kontakt mit einem Medium und ich war sehr aufgeregt. Diese Herzenslehrerin berichtete mir von den genauen Todesumständen meines Mannes. Das war verblüffend. Denn was passiert war, konnte nirgendwo recherchiert werden. Es musste eine höhere Ebene geben, die für unsere Augen nicht sichtbar ist. Zudem sagte sie mir, dass er mir sehr viele Zeichen schicke, damit ich spüre und wahrnehme, dass er nicht komplett weg sei. Jetzt konnte ich all das, was mir zeitweise Angst gemacht hatte, einschätzen: Umstürzende Bilderrahmen, flackernde Lichter, herabfallende Skihelme, sich aus »heiterem« Himmel einschaltende Radiogeräte und einfach das Gefühl zu haben, dass da jemand ist.

Diese Frau strahlte so viel Ruhe und Liebe aus, dass es mir zu diesem Zeitpunkt endlich etwas besser ging. Das Tor meines Herzens wurde einen Spaltbreit geöffnet, um wieder ein bisschen fühlen zu können. Das Wissen, das sie mir gab, brachte mir ein Stück Heilung und Ruhe. Ich war und bin mir seit diesem Zeitpunkt ganz sicher: Das Leben geht auf einer anderen Ebene weiter, nur unser Körper stirbt: Wir sind unendliche Wesen, die mit der Unendlichkeit verknüpft sind. Diese Erfahrung und Begegnung waren so prägend und entscheidend, dass sie seit diesem Zeitpunkt mein weiteres Leben bestimmen sollten. Es gab kein Zurück mehr für mich. Von nun an sah ich das Leben aus einem anderen Blickwinkel. Ich erkannte: Der Weg, das Leben zu verstehen und anzunehmen, führt über den Tod. Dieser offenbart in uns die Tiefe des Seins – wenn wir bereit sind, diese Wahrheit anzunehmen (mehr dazu in Kapitel 4).

Die Wahrheit hinter der Trauer – die schwierigste Lektion

Die Wahrheit, alles anzunehmen, was uns in unserem Leben begegnet und was uns widerfährt, war eine der schwersten Lektionen meiner Trauerarbeit. Sie rief in mir zunächst eine innere Rebellion hervor. Selbst wenn ich gut annehmen konnte, dass mein Mann nicht einfach weg war, sondern uns weiterhin aus einer anderen Ebene beschützte und behütete, konnte ich den Umstand, dass wir das alles in einer gemeinsamen Abstimmung – einem Seelenplan – geplant hatten, nicht annehmen. Diese Wahrheit war für mich sehr lange sehr schwer greifbar, und es ist eine Wahrheit, der sich wohl viele Menschen bewusst oder unbewusst verschließen. Denn sie impliziert, dass wir Verantwortung für uns übernehmen. Radikal. Und die Frage stellen: Was zeigt mir diese oder jene Situation, und was kann ich daraus lernen? Doch der erste Schmerz, der so groß war, musste erst stückweise in die Heilung geführt werden, um diese Radikalität akzeptieren und annehmen zu können. Der Weg, der dann folgt, ist der, dankbar zu sein für alles, was mir zuteilwird, um innerlich zu wachsen. Denn der Sinn des Lebens besteht nicht darin, uns nur im Jetzt umzuschauen, sondern den Blick zu weiten und uns als Teil eines großen Ganzen zu verstehen und zu akzeptieren.

Das mag dir im Moment alles als sehr viel und sehr gewaltig vorkommen. Das ist es auch. Tatsächlich ist der Weg der Heilung kein leichter: Er findet in deinem Inneren statt. Es sind viele kleine Schritte, die wir alle zu gehen haben und der Schmerz ist nicht von heute auf morgen ausgestanden. Aber es gibt einen Weg, und wenn du dir immer noch zweifelnd die Frage stellst: Warum ausgerechnet dir das passiert ist, so antworte ich dir: »Weil du die Kraft hast, das zu überstehen! Gott wird dir immer nur so viel zumuten, wie du ertragen kannst!«

Gelegentlich bekomme ich zu hören: »Ja, aber was ist mit denen, die sich aus Verzweiflung das Leben nehmen?« Dazu meine ich: »Im göttlichen Plan ist eine Selbsttötung nie vorgesehen. Nichtsdestotrotz ist der Mensch frei und kann auch frei wählen, ob ihm die Last zu viel wird, die er trägt, weil er im Leben keine Ruhe mehr findet. Gleichzeitig hat er das Vermögen, den Weg der Heilung zu beschreiten. Doch manchmal ist der Geist so verwirrt, dass es der eine oder der andere als seinen einzigen Ausweg ansieht.«

Ich ermuntere dich nun ganz bewusst an dieser Stelle, das Leben mit anderen Augen zu betrachten und deinen Horizont zu erweitern. Das ist das, was mir geholfen hat. Doch wie ein Kind, das sich schon einmal verbrannt hat, scheuen wir alle die »Herdplatte« – den Schmerz. Aber allein durch den Schmerz hindurch führt der einzige Weg, der langfristig zur Heilung verhilft. Wenn du denkst, das alleine nicht bewältigen zu können, suche dir professionelle Unterstützung, um dich zu öffnen und die Erfahrungen, die dir das Leben »schenkt«, anzunehmen zu können – die guten wie die schlechten:

Inspirationen

Sammle die Edelsteine auf, die schönen wie die hässlichen, die dir der Weg des Lebens schenkt. Sie sind Geschenke der geistigen Welt und der Lohn, den wir mitnehmen dürfen, wenn wir alle nach Hause kehren. Schaue dir die Edelsteine an. Sie sind ein Spiegel, der dir die Schönheit deiner eigenen Seele zeigt. Diese Edelsteine sind Geschenke, die uns auf unserer Abenteuerreise des Lebens begleiten. Sie warten nur darauf, eingesammelt zu werden. Sie warten auf dich –

du musst nur glauben, mit den Augen und der Reinheit des Herzens eines Kindes, das lediglich das Gute in uns allen sieht. Sieh das Gute in dir selbst, finde deine Anbindung zu dir selbst, zu deinem göttlichen Kern und du wirst spüren und wissen, welcher Schritt auf dem Weg des Lebens für dich als nächster ansteht!

Wer bist du und was ist deine Aufgabe?

Unsere Sehnsucht nach Geborgenheit und Wärme im Leben ist unser Antrieb, die Welt neu kennenzulernen. Auch und gerade, wenn wir trauern. Am Anfang dieser Neuorientierung steht ein Gedanke, der in die Leere getragen wird und dort sein Potenzial entfalten kann, Materie zu formen. Und selbst wenn du diesem Gedanken noch nicht folgen kannst, stell dir einfach vor, dass alles, was du denkst, Wirklichkeit werden kann.

Wenn dich ein schlimmer Schicksalsschlag trifft, stürzt das deine gesamte Welt ins Chaos. Du spürst keine Ordnung mehr in dir, hast das Gefühl, ver-rückt zu werden und die Orientierung zu verlieren. Dieses Gefühl geht mit einer ganz elementaren Sehnsucht einher: der Sehnsucht nach Geborgenheit und Wärme, weil zusammen mit dem Chaos und der Haltlosigkeit Kälte in deinen Körper und in deine Seele eingezogen ist. Wenn du dieses Gefühl kennst, diese Kälte, die dein tiefstes Sein ergreift, so lade ich dich nun zu folgender Visualisierung ein:

Inspirationen

Schließe die Augen und stelle dir vor, dass dich ein wärmendes, glitzerndes Wolkenmeer umgibt. Es umhüllt dich, fängt dich auf und schenkt dir Leichtigkeit. Die Sonne kitzelt dich und erinnert dich daran, dass du lebst, dass du bist, dass dein Sein noch besteht, obwohl du selbst eingefroren bist. Nimm die glitzernden Lichter mit in deinen Tag und erkenne ein kleines Strahlen - dein Strahlen.

Aus meiner eigenen, ganz tiefen Überzeugung kann ich nur eins sagen: Der Weg, um wieder Glück und Freude zu spüren und zu fühlen, führt über das Erkennen und Spüren des eigenen Seins. Die Tür zu deinem Herzensraum darf wieder geöffnet werden, um den Zugang zu deinen Gefühlen wiederherzustellen, so dass du dich wieder lebendig fühlen kannst. Dafür ist die Neustrukturierung aller Beziehungen in deinem Leben notwendig. Als Erstes geht es nun darum, die Beziehung zu dir selbst zu klären. Frage dich daher:

»Wer bin ich?«

»Wer bin ich wirklich?«

»Was ist meine Aufgabe in diesem Leben?«

Diese Fragen implizieren eins: erste Orientierung, Ausrichtung und die Einfindung in die eigene systemische Ordnung. Die Suche nach Orientierung, Ausrichtung und Einfindung in die systemische Ordnung hat auch einen Namen, es ist die Sehn-sucht. Die Sehn-sucht nach Einheit, nach einer Einheit mit dir selbst, die zugleich die Einheit mit dem eigenen göttlichen Anteil ist. Es kann sein, dass dich diese Frage hier verwirrt? Das ist nicht ungewöhnlich und doch wirst du feststellen, dass sie sich im Laufe dieses Buchs klären wird. Du musst sie nicht sofort beantworten. Doch lass dich gleichzeitig von diesen Gedanken inspirieren. Auch von der Frage: Was möchtest du wirklich? Und was macht deine Einzigartigkeit aus, was ist das Besondere an dir? Um das herauszufinden, folge mir – für eine kleine Weile – in eine Welt, die das Spiegelbild unserer irdischen Welt ist. Schaue in deinen universellen Spiegel, der zugleich der Kanal ist, der dich mit allem versorgt, was du brauchst und was du dieser Welt schenken könntest.

Gedankenreise

Der Magnolienbaum

Stelle dir einen Magnolienbaum vor. Die Blüten erstrahlen in einem zarten rosa, die liebevoll in der Krone des Baumes in den Himmel ragen. Der Stamm ist alt und robust, seine Wurzeln tief, fest verankert in der Erde. Die Magnolienblüten wachsen in der Krone und tanzen im Takt des Windes hin und her, damit geben sie zugleich Richtung wie Ausrichtung und bestimmen die Festigkeit der Wurzeln. Verneige dich nun in Gedanken vor diesem ehrwürdigen Baum, der so viel Klarheit und Wahrheit ausdrückt. Er steht für deine eigene Schönheit, deine Liebe zu dir selbst. Fasse seinen Stamm an und spüre seine innewohnende Kraft, gespeist aus der Verbundenheit von Himmel und Erde, in gleichen Anteilen, in einer harmonischen Einheit - hier, jetzt und für immer.

Die Berührung des Stammes löst einen Zauber aus, der die Umgebung um dich herum in ein goldgelbes Licht taucht. Das Licht strömt in den rot gefärbten Boden - es strahlt. Es strahlt überall hin und mit einem Mal erkennst du, dass alles, was dich umgibt, ein Spiegel deines eigenen Ichs ist: Dir begegnet dein Ich aus einem anderen Blickwinkel, aus einem lichtvollen Blickwinkel. Und du spürst nun, dass deine Füße fest mit dem Boden verbunden sind, deine Hände kraftvoll durch die Berührung mit dem Stamm versorgt werden und dein Kopf zum Himmel ausgerichtet ist. Sprich mir nun diese Worte nach: »Sooft habe ich das Wunder des Lebens mit Füßen getreten, habe ich meine Einzigartigkeit verleugnet und bin den Weg der Dunkelheit gegangen, da ich nicht bereit war, meine eigene Göttlichkeit anzuerkennen und mit Freude die Gaben zu leben, die mir mit in dieses Leben gegeben wurden. Ich nehme hier und jetzt voller Demut die kostbare Verbindung von Himmel und Erde wahr, nehme meine eigene Schönheit und Liebe als Geschenk entgegen und erkenne ihren Wert. Es ist der Wert des ICH-BIN. Der Wert des ICH-BIN ist eine kostbare Energie, die mich zu Reichtum und Fülle führen wird, in tiefer Anbindung und dem Glauben an das Göttliche und der einzigartigen Bestimmung, die wir alle haben. Jetzt und für immer bin ich nun bereit, zu empfangen und die Liebe zu leben, die mir mit auf diese Erde gegeben wurde. Es ist die göttliche Liebe, die es mir ermöglicht, mit Dankbarkeit auf alles in meinem Leben zu schauen, was mir begegnet - ich bin Liebe und lebe diese Liebe, lichtvoll und bedingungslos.«

Diese Worte erwecken einen Sturm, der sich zart erhebt und doch alles um dich herum erfasst. In einer zarten Melodie werden wohltuende Klänge an dich herangetragen. Es ist ein heiliger Moment, in dem alles andere unwichtig wird. Es erscheint aus dem vermeintlichen Nichts eine Lichtgestalt, die dein Herz höherschlagen lässt. Du darfst ihr nun eine Frage stellen, die der tiefen Reinheit der Seele entspringt. Stelle sie und lausche der Antwort. Es ist eine Antwort, die aus der göttlichen Fügung entspringt. Diese Antwort lässt dein Herz höherschlagen – es ist eine Antwort, die dir immer schon bekannt war. Die du nun aber spüren und fühlen kannst.

Unter diesem QR-Code kann die Gedankenreise angehört werden. Such dir dazu auf der Internetseite die Gedankenreise »Der Magnolienbaum« aus.
https://come-back-life.de/gedankenreisen/

Das Jetzt wieder zulassen

Denke ich an meine ersten Schritte zurück in die Normalität, etwa zum Einkaufen zu gehen, war das ein Spießrutenlauf aus Angst, einen Bekannten zu treffen, die von dem Todesfall noch nichts wusste und unbedarft fragte: »Wie geht´s euch so?« Das konnte einen innerlichen Zusammenbruch auslösen. Auch ein Friseurbesuch, bei dem an anderen Stühlen munter geplaudert wurde, fühlte sich fremd an. Die Welt drehte sich weiter, doch ich war innerlich vollkommen verwundet. Alles fühlte sich fremd an, auch und insbesondere das eigene Zuhause. Das Bett wirkte bedrohlich, der Kleiderschrank auch. Der einstige Ort der Sicherheit und des Rückzugs wurde zum Kampffeld. Nichts war mehr, wie ich es kannte und liebte. Der Alltag wurde zu einer der größten Herausforderungen meines Lebens, auch weil Schlafmangel und Schmerz mir zusetzten.

Dinge wieder zum ersten Mal zu machen, ohne den geliebten Menschen an seiner Seite, ist wie der erste Schritt auf den Mond. Diesen Gefühlen gilt es Rechnung zu tragen, auch damit du die Kostbarkeit des Alltags, die »alte Normalität« erst einmal betrauern wirst: Jedes Gespräch, jedes gemeinsame Essen, jeder Augenblick als Paar bekommen in der Rückschau einen ganz anderen Wert, kaum vergleichbar mit dem im Leben zugestandenen. Dieses einstige Unbewusstsein schmerzt sehr:

Wie oft habe ich an das letzte gemeinsame Abendessen gedacht, an die vielen Spaziergänge, die wir machten, und unsere Gespräche über die Zukunft? All das war mit einem Mal weg und schien und scheint mir so unendlich kostbar. ›Es gab so vieles, was ich dir noch so gerne gesagt hätte. Wie gerne würde ich dich auch heute noch um Rat fragen. Gerade, wenn ich in bestimmten Dingen nicht mehr weiterweiß oder unser nunmehr pubertierender Sohn Mist gebaut hat‹, denke ich dann wehmütig.

Daneben tut sich dein persönliches Umfeld meist auch nicht leicht, mit dir und deinem Schicksalsschlag umzugehen. Oft aus Unbeholfenheit oder Weil-man-das-so-sagt erhältst du wohlmeinende Ratschläge wie: »Die Zeit heilt alle Wunden« – »Jeder hat sein Päckchen zu tragen« oder »Kopf hoch, das wird schon wieder.« Heute schaue ich milder auf diese »mutmachenden« Worte. Damals haben sie mich zum Teil auf die Palme gebracht, denn ich fühlte mich vollkommen unverstanden. Zum einen, weil mir nicht klar war, wie die Zeit alle Wunden heilen sollte. Zum anderen fand ich sie regelrecht zynisch. Wie sehr hätte ich mir ein ernsthaft gemeintes: »Wie geht es dir eigentlich?« oder »Wie schaffst du alles?« gewünscht. Ich möchte hier niemanden verurteilen, denn der Umgang mit einem schwer trauernden Menschen ist wirklich nicht leicht. Dem Schmerz so sichtbar zu begegnen macht vielen Menschen Angst. Gleichzeitig hätte mir mehr Einfühlung gutgetan.

Um wieder im Jetzt, in deinem aktuellen Alltag anzukommen, erlaube dir, dein Leben wieder mit neuen Erinnerungen zu füllen. Der Caféhausbesuch darf sich nach und nach zu einem Erlebnis wandeln, das im Hier und Jetzt verankert ist und nicht nur schmerzhafte Erinnerungen an das Vergangene weckt. Es geht darum, vorhandenen Gefühlen – Schmerz und Wehmut – Aufmerksamkeit zu schenken. Das lässt Ruhe in dir entstehen und genau diese Ruhe ist der Ausgangspunkt neuer Erlebnisse, die mit neuen Gefühlen bewahrt werden können. Dieser Prozess vollzieht sich insbesondere im ersten Trauerjahr, in dem so viele Dinge anstehen, die man zum ersten Mal ohne den geliebten Menschen unternimmt, etwa in den Urlaub fahren, Feste feiern, Wochenenden gestalten, Essen gehen.

Sei dir darüber gewusst: ***»Egal, wohin du gehst und was du tun wirst, die Gegenwart wird immer Teil deiner Vergangenheit und deiner Zukunft sein!«*** Nimm dir ab und zu auf deinem Weg Zeit, eine Rast einzulegen, um dich auf diese Verknüpfung zu besinnen: ***»Es wird alles immer ein Teil von dir sein: Vor der Vergangenheit kann man nicht weglaufen, und sich vor der Zukunft nicht verstecken.«*** Glaube, Intuition und Liebe sind starke Kraftquellen, die dich auf deinem Gesundungsprozess unterstützen. Warum das so ist, das sehen wir uns nun an. Schließlich ist die Botschaft, die hinter der Trauer steckt, diese: dich selbst zu erkennen, dich zu verankern und dein Leben neu auszurichten.

Meine Gedanken

Kapitel 3

Dich verankern und dein Leben im Jetzt neu ausrichten

Ich möchte hier Folgendes sagen: Es gibt in der Trauerverarbeitung kein Richtig oder Falsch. Menschen beurteilen Menschen gerne und der Weg, den wir wählen, ist stets unser Weg. Kein anderer hat das Recht, über uns zu urteilen. Auch wenn wir uns manchmal selbst nicht verstehen und das ist ganz besonders in Phasen tiefer Trauer der Fall, wenn unsere Welt zerbricht, aber das Außen sich weiterdreht, als ob nichts passiert wäre. Diese Diskrepanz zwischen der äußeren und inneren Welt gilt es in Balance zu bringen, damit wir uns wieder wohler fühlen. Das passiert nicht von heute auf morgen, und das von mir im vorhergehenden Kapitel beschriebene Chaos war nur die Externalisierung dessen, was in mir vor sich ging. »Daneben« musste ich für unseren Sohn sorgen und für unseren Unterhalt – für alles alleine die Verantwortung tragend. Gleichzeitig zerbrachen viele Beziehungen und Freundschaften, andere kamen neu hinzu – und manchmal frage ich mich insgeheim: Wie habe ich das alles geschafft? Wie habe ich es geschafft, wieder Glück und Freude zu empfinden und meine Balance und Ordnung im Leben zurückzugewinnen?

Es war mein Glaube an ein Leben nach dem Tod und dass ich meinem Mann am Sterbebett das Versprechen gab, dass mein Sohn und ich es alleine schaffen würden. Das gab mir Kraft und ein Gefühl, das mir zuflüsterte: »Kämpfe, kämpfe für dich, für euch, für euer Leben!« Das brauchte es auch, um Trauer, leidvolle Erfahrungen und Traumata zu bewältigen und um den Mut zu finden, mich selbst neu kennenzulernen und zu akzeptieren. Denn der Weg zurück ins Leben ist ein

Kampf mit dem eigenen Selbst, mit den eigenen Dämonen, Ängsten, Zweifeln, mit dem Gefühl, nicht mehr zu können und trotzdem weiterzumachen.

Daher mein Rat an dich: Kämpfe für dich, du bist es wert. Gehe den Weg der Trauer bewusst. Wenn ich hier von bewusst schreibe, so meine ich damit, dass du dir selbst gegenüber ehrlich, offen und direkt bist. Und dass du bereit dazu bist, zu fühlen und diese Gefühle nicht zur Seite zu schieben, sondern liebevoll hinschaust. Nur so kannst du in dir Ruhe finden und das neue Leben, in das du gehst, so gestalten, wie du es dir wünschst und erträumst. Das ist harte Arbeit, die Kontinuität und Disziplin verlangt. Ich lade dich ein, diese Chance zu ergreifen, dein Leben neu zu gestalten und vor allem eine Liebesbeziehung mit dir selbst einzugehen!

Alte Sicherheitskonzepte werden über Bord gespült, es braucht neue!

Das Bedürfnis nach Sicherheit ist eines der elementarsten der Menschheit und durch den Tod werden alte, in der Kindheit erlernte »Sicherheitskonzepte« über Bord gespült. Mehr noch, sie werden ad absurdum geführt. Etwa auf einen starken Anderen zu bauen, der zum Teil Aufgaben übernommen hat, die dir nicht so lagen oder wo du Defizite hattest, oder der Irrtum, dass das Leben immer so weitergeht. Und das Einzige, das uns hilft, innere Sicherheit zu erlangen, ist die Bereitschaft, uns selbst kennenzulernen, um daraus aus unserem Inneren neue Kraft zu schöpfen. Buddha sagte in diesem Zusammenhang: »Jedes Leben hat ein Maß an Leid. Manchmal bewirkt eben dieses unser Erwachen.« So ist die erste Entscheidung zurück ins Leben die: dich für ein neues Leben zu entscheiden – eines, das du so nicht wolltest, und indem es umso mehr gilt, dich in Geduld und Annahme zu üben.

Vertrauen und eine Entscheidung treffen

Um mich wieder im Jetzt zu verankern, war es ganz wichtig, mich fürs Leben zu entscheiden und mich auf das zu konzentrieren, was anstand. Das bedeutete, mich nicht immer mit der Frage des WARUMS zu quälen – auch wenn diese sehr hartnäckig ist. Stattdessen habe ich versucht, mit kleinen Schritten ins Jetzt zu gehen und mich nicht immer wieder von furchtbaren Ängsten überrollen zu lassen. Dabei half mir – wie bereits angesprochen – das Versprechen, das ich meinem Mann am Sterbebett gegeben hatte. Es entfachte meinen Kampfgeist, das vermeintlich Unmögliche möglich zu machen. Ganz instinktiv wusste ich: Auch wenn ich jetzt mit einem sechs Monate alten Säugling auf mich alleine gestellt war, wollte ich in Bayern bleiben und hier unseren Weg fortsetzen. Selbst wenn ich keinen Plan hatte, wie das alles gehen konnte. Doch meine Intuition gab mir Sicherheit, mich auf eine Reise ins Unbekannte einzulassen, wenngleich ich unglaubliche Ängste, Schmerz und Chaos – finanziell, emotional und circadian – durchlebte und irgendwie oftmals nur noch funktionierte.

Man könnte das auch Gottvertrauen oder Urvertrauen nennen. Denn ich glaube, dass wir durch Gott beschützt und behütet sind, dass wir aufgefangen werden, wenn wir diesen Schutz brauchen und dass wir geführt werden, wenn wir dies wünschen. So heißt es im Matthäusevangelium: »Bittet, so wird euch gegeben.« (Mt 7,7) Gott trägt uns und hilft uns über die schwere Zeit hinweg. Schließlich ist die Trauer um einen geliebten Menschen eine riesengroße Entwicklungsaufgabe, die uns aufs Äußerste fordert. Unser ganzes Sein wird in Frage gestellt, wenn uns diese verbindliche Beziehungsstruktur genommen wird. Und es gibt nur einen Weg: Lerne dich selbst kennen, lerne deine Gefühle deuten, lerne deine Bedürfnisse kennen und finde so voller Vertrauen ins Leben zurück.

Das Leben ist eine Herausforderung und ich träumte einst von einem langen Flur, einem Schlauch, der sich aus irrsinnig vielen Räume zusammensetzte. Sie alle hingen hintereinander und waren durch eine Tür getrennt und gleichzeitig verbunden. Ich lief von Raum zu Raum und sah, dass sich die Räume dadurch unterschieden, dass in dem einen Raum helles Licht brannte und viel Leben und Freude herrschte und der darauffolgende Raum Stille und Dunkelheit barg. Im Raum mit der Dunkelheit spürte ich immer wieder große Angst, in dem Bewusstsein, dass ich den Raum nur zu durchqueren brauchte, um in den nächsten, lichtvollen, mit Freude gestalteten Raum zu gelangen. Die Tür und die Klinke, die mir das Tor zum nächsten Raum öffneten, waren immer die gleichen. Und auch der Versuch, einfach im Raum des Lichts zu bleiben, funktionierte nicht. Ich war getrieben, immer weiterzugehen und sogleich nach dem lichtvollen Raum wieder einen mit Dunkelheit zu betreten. Was sich in mir veränderte, war die Gewissheit, dass auf die dunkle Zeit eine lichtvolle folgte und dass ich in den Räumen des Lichts Kraft tanken könnte, getragen und begleitet von dem Vertrauen, dass alles weitergeht und ich immer wieder ins Licht käme. Das brauchte ich, um weiterzugehen, mir alles anzuschauen und meine Neugier zu befriedigen. Dieser Traum versinnbildlicht meine Entwicklung.

Manchmal bleiben wir auch eine Weile in der Dunkelheit stehen, starr vor Angst, dann sollten wir tief durchatmen, allen Mut zusammennehmen und die nächste Tür öffnen. Im Vertrauen, was kommt und dass es etwas Gutes ist! »Der allwissende Geist meint es gut mit uns«, schreibt auch der ehemalige Benediktiner-Mönch und Gründer des Salzburger Sinn-Zentrums Christoph Schlick in seinem Buch »Die Glut in dir«[3]. Aus diesem Grund lerne, dass du eine klare Entscheidung, dass du klare Entscheidungen treffen musst und darfst! Selbst wenn die Lage desolat ist. Es hilft nichts und bringt dich nicht weiter, wenn du abwartest und auf Besserung hoffst – Entscheidungen legen den sichernden Grundstein für ein neues Leben!

3 Die Glut in dir: Entfache das Feuer deiner Potenziale, München 2021.

Das Leben ehrlich hinterfragen und am Ball bleiben

Ich bin der festen Überzeugung, dass der Verlust eines geliebten Menschen uns unweigerlich auf die Suche nach diesem Licht bringt – nach diesen lichten Räumen und letztlich nach dem Licht in uns, nach unserem Potenzial und unserer Kraft. Denn Dunkelheit umgibt uns in diesen schweren Stunden des Lebens ganz besonders. Daher ist es wichtig, sich ehrlich zu betrachten und zu hinterfragen. Denn dieses Kennenlernen deines Selbst gibt dir Sicherheit und schenkt dir Vertrauen, um das Leben wieder anzunehmen und zu leben – das ist Heilung. Frage dich daher:

Was hat dich geprägt?

Was hat dich unterstützt?

Was hat dich verletzt?

Was ist dir begegnet?

Was hat dich letztlich zu der Person gemacht, die du bist?

Wer bist du?

Wichtig bei dieser Auseinandersetzung ist, am Ball zu bleiben und diesen Prozess des Hinterfragens und später auch der Selbstdisziplin, zu der wir noch kommen, nicht auszusetzen, sich also nicht von inneren Verhinderern abhalten zu lassen und weiterzumachen. Denn seelische Prozesse sind vergleichbar mit einem körperlichen Workout. Es kommt immer wieder zu Momenten, in denen man Muskelkater hat und am liebsten nicht weitermachen würde. Aber genau jetzt gilt es, dranzubleiben und sich weiterzuentwickeln! Das ist das, was ich lehre und selbst jeden Tag lebe: Struktur, Disziplin und Ausdauer. Sie geben Sicherheit und Orientierung und helfen dir, dich selbst wieder zu spüren und zu fühlen.

Alte Handlungsmuster und Glaubenssätze ausmisten

Sicherlich kennst auch du diese Situation, dass sich beim Saugen das Staubsaugerkabel irgendwo festsetzt. Erst ziehst du am Kabel, dann merkst du, dass du nicht weiterkommst, weißt aber, dass es lang genug sein müsste, um die anvisierte Ecke zu erreichen. Du ziehst weiter, doch das Kabel hat sich »von alleine« so verknotet, dass ein weiteres Ziehen den Knoten nur noch weiter verdichten würde. Nun kannst du vergeblich versuchen, den Knoten durch weiteres Ziehen zu beeinflussen, was wahrscheinlich dazu führt, dass das Kabel irgendwann aus der Steckdose, also der Energieversorgung fliegt, und dann gar nichts mehr geht. Oder du gehst ein Stück zurück, entdeckst die Ursache, nämlich jenen Knoten, löst ihn behutsam und hast anschließend wieder die Möglichkeit, das Saugen mit mehr Reichweite und Freiheit fortzuführen.

Bei meinem eigenen Trauerprozess ist mir mein Perfektionismus auf die Füße gefallen. Ich habe bis zur völligen Erschöpfung gearbeitet und mich verausgabt. Während der Trauer kam dieses Handlungsmuster noch viel deutlicher zum Vorschein und hemmte mich, überhaupt so etwas wie Freude und Leichtigkeit zu spüren, weil hinter fast allem ein Muss stand. Dinge, die mir guttaten, habe ich immer wieder aufgeschoben, weil ich ja noch das und das und jenes erledigen musste. Bis zu jenem Zeitpunkt, wo ich einfach nicht mehr konnte. Ich erinnere mich an einen entscheidenden Moment, in dem ich es kaum noch schaffte, die Spülmaschine auszuräumen. Alle um mich herum sahen mein Ausgebrannt-Sein, nur ich selbst konnte diesen Zustand nicht wahrnehmen, selbst wenn ich nachts nur noch maximal ein, zwei Stunden schlief. Die restliche Zeit lag ich wach oder stand mitten in der Nacht auf, begleitet von dem Gefühl, innerlich zu brennen. Mein Innerstes loderte und ich konnte keine Ruhe finden, begleitet von der tiefen Sehnsucht, zu sterben und meinem Mann zu folgen. Das alles gestand ich mir nicht ein und machte in meinem Job als Lehrerin auf Hochtouren weiter. Bis zu jenem Tag, als mich unsere Stundenplanerin im Treppenhaus der Schule abfing, weil ich beim Hochsteigen kaum mehr Luft bekam. Sie riet mir, umgehend zum Arzt zu gehen, und machte sich große Sorgen. Meine Ärztin diagnostizierte eine akute Lungenentzündung mit hohem Fieber. In diesem Zustand hatte ich tatsächlich noch Schwimmunterricht gegeben, was ich heute unbegreiflich finde.

Mit Hilfe eines Psychologen durfte ich nach und nach erkennen, weshalb ich so reagierte. Zum einen lenkte mich die andauernde Beschäftigung von meinem Schmerz ab, zum anderen hatte ich dieses Handlungsmuster in der Kindheit erlernt und bekam für meinen Fleiß Lob. Lob, das ich mir sehnlichst wünschte, denn mein eigener Selbstwert war in mir immer ein Thema. Ich glaubte, nur durch Leistung etwas wert zu sein. Als ehemalige Leistungssportlerin im Bereich Leichtathletik nichts Ungewöhnliches. Schließlich erhält man, wenn man etwas besonders gut gemacht hat, nicht nur das Lob des Trainers, sondern eine Medaille obendrauf. Anerkennung war in mir verknüpft mit Leistung, genau dieses Handlungsmuster fiel mir bei der Trauerverarbeitung auf die Füße und führte mich in einen Burnout.

Dieses Beispiel möge dir zeigen, wie entscheidend und wichtig es ist, dass du dich selbst verstehst und alte Handlungsmuster und Glaubenssätze enttarnst, um wieder richtig ins Leben zu finden und jenen Teil in dir mit Leben zu füllen, der mitstarb mit dem geliebten Anderen. Ich versuchte, jenen leeren Teil in mir durch ständige Aktivität zu füllen, statt mich auf meinen Schmerz einzulassen.

Oft leben wir unser Leben sehr aktionistisch und verpassen so viel. Vor lauter Bemühtsein alles so perfekt wie möglich zu machen – ein Antreiber, den viele kennen –, vergessen und verpassen wir, wirklich zu leben und bewusst wahrzunehmen. Das gilt auch für die Trauer und die Rituale um die Trauer. So werden Trauerfeiern bis ins letzte Detail geplant, es wird kein Moment für Spontaneität gelassen, es wird alles akribisch bis zur Erschöpfung durchgetaktet – und was ist dann: All das hilft nicht, den Verlust wettzumachen. Häufig spielt es in diesem Moment sogar noch eine Rolle, was die Außenstehenden sagen und wie sie die Grabstätte und die Zeremonie bewerten, als eine Art Gradmesser, wie groß die Liebe war.

Zank, Unstimmigkeiten und gegenseitige Verletzungen sind nicht selten ein Resultat aus dieser tragischen Zeit. »Das gehört sich nicht, das darfst du nicht, das geht doch nicht, zum jetzigen Zeitpunkt ist das vollkommen unpassend!« Doch: Was ist eigentlich unpassend? Das, was man meint, du meinst, ich meine, der Gesellschaft schuldig zu sein? Geht es darum, die Erwartungen der anderen zu erfüllen in deinem Leben?! Wenn du so lebst und anderen gefallen willst, denn der Glaubenssatz versteckt sich hinter diesem inneren Antreiber, wirst du spätestens dann größte Schwierigkeiten bekommen, wenn ein geliebter Mensch stirbt. Warum? Weil die Erwartungen der anderen dich immer weiter von dem wegbringen, wonach du dich eigentlich sehnst: nach Harmonie in dir! Indem du deine Bedürfnisse, dich und die Liebe zu dir entdeckst. Es kann in diesem Zusammenhang auch sein, dass du auf dich selbst wütend bist, weil du deine

Angst, deine Unsicherheit so lange verborgen oder weggedrückt hast. Wut ist ein sehr befreiendes Gefühl. Sie ebnet dir den Weg, neue Richtungen einzuschlagen und wieder Freiheit zu spüren – jedwede Tabus brechend und für dich selbst einstehend.

Ich habe mich tatsächlich sehr oft gefragt, wann es denn eigentlich erlaubt sei, wieder zu lieben und sich körperlich wieder einem Menschen zu nähern, ohne den geliebten Verstorbenen zu hintergehen? Meine eigene Erfahrung ist: Sch... auf äußere Erwartungen und Konventionen, höre auf dich und was dir guttut. Und manchmal tun ganz unkonventionelle Dinge gut, die sich nicht gehören – höre auf dich, auf dein Herz, und finde so den Weg zurück in dein Leben.

Es geht nicht darum, die Grenzen anderer Menschen zu überschreiten, aber sich selbst die Erlaubnis zu geben, sich anderen Menschen einfach wieder zu nähern – egal, ob körperlich, seelisch oder freundschaftlich. Das ist ein riesiger Meilenstein auf diesem schweren Weg in ein neues Leben.

Ich habe mir eines fest vorgenommen: Am Ende meines Lebens möchte ich nicht zurückblicken und denken: ›Mensch Sandra, was hättest du nicht alles sein und machen können und hast es nicht gemacht, aufgrund der Meinung anderer Leute.‹ Ich will leben! Ganz bewusst! Und auch Augenblicke der Magie und des Zaubers erleben! Dies ist aber nur möglich, wenn wir uns ganz wirklich auf das Leben einlassen mit allem Drum und Dran, Grenzen sprengen und nicht ständig damit beschäftigt sind, alles perfekt zu planen und zu machen. Dabei geht nämlich eins verloren: das Gefühl zu dir selbst. Das verdrängen wir gerne, um zu funktionieren, und verpassen dabei das Kostbarste und Beste, was wir in diesem Leben haben – unsere Beziehung zu uns selbst! Sie ist ein wichtiger Kompass, das zu tun, was uns guttut und die richtigen Entscheidungen zu treffen – auch für ein neues Leben in Fülle.

Das Fundament eines neuen Lebens

Wenn du dir selbst darüber im Klaren bist, was du gerade fühlst, weshalb du gerade so fühlst und was du tun kannst, damit es dir besser geht, umso größer wird deine innere Sicherheit. Das hört sich einfach an, ist in der Praxis aber sehr schwer. Ich erinnere mich an meinen eigenen Prozess und auch an das Gefühl, dass ich regelrecht ein Brett vor dem Kopf hatte, als mich ein Psychoanalytiker fragte, was ich denn mache, um einfach Spaß und Freude in mir zu kreieren. Auf meiner Stirn zeigte sich nur ein großes Fragezeichen, denn mein Sein beschränkte sich damals in jener schweren Zeit auf den Funktionsmodus. Und ich dachte: ›Wie soll ich an dieser Stelle noch Kraft aufbringen, um Dinge zu tun, die mir Spaß und Freude bereiten? Wie soll ich das überhaupt irgendwann wieder empfinden können? Und was bereitet mir überhaupt Spaß und Freude?‹

Das Einzige, was ich damals antworten konnte war: »Ich fühle Freiheit, Spaß und Freude, wenn ich in den Bergen beim Skifahren bin.« Und jener Therapeut fragte mich weiter: »Und was machen Sie, wenn Sie nicht gerade Skifahren?« Es stimmte mich sehr traurig, dass ich darauf keine Antwort fand. Es gab nichts, ich musste doch funktionieren und wie sollte ich mir überhaupt die Zeit nehmen, um mich um so etwas wie ein Hobby zu kümmern? Die Antwort auf all diese Fragen konnte ich erst mit der Zeit finden – Zeit und Geduld kommen hier wieder zum Tragen.

In deiner Einzigartigkeit und deinem Können kannst du die Antworten für deine Neuausrichtung finden. Das geht nicht von heute auf morgen, sondern ist letztlich ein lebenslanger Prozess. Bei meiner Arbeit als Trauermentorin setze ich unter anderem den Fokus auf innere Kraftquellen: Wir schauen und legen frei, was dir guttut und was in dir steckt, um wieder Leichtigkeit und Freude in deinem Leben zuzulassen und auch eine Art Depot anzulegen für Momente voll Schwere und Trauer. Diese Quelle, dieses Wissen hat mich durch viele dunkle Stunden meines Lebens getragen – das Wissen, sich »auffüllen« zu können, um damit eine Art Vorrat an »guten Gefühlen« zu kreieren, von denen wir zehren können.

Frage dich:

Was sind meine Kraftquellen?

Wo lege ich mein Depot für schwere Stunden an?

Wie kreiere ich positive Energie?

Was macht mir eine (kleine) Freude?!

Was gönne ich mir und womit kann ich mich begeistern?

Kurz: Was tut mir gut, und schenkt mir Kraft für Zeiten, die kräftezehrend sind?

Wir Menschen sehnen uns nach dem »großen Knall«, nach einem magischen Zauber, mit dem eine Veränderung eintritt und von jetzt auf gleich Trauer, Kummer und Schmerz weggezaubert sind. So funktioniert das aber nicht und die Kunst ist es, sich selbst, den eigenen Geist auf vermeintliche Kleinigkeiten auszurichten und an Alltäglichem wieder Freude zu finden. In kleinen Portionen – ganz behutsam.

Schau doch einfach, ob du nicht eine Kleinigkeit findest, die dir Freude bereitet – auch wenn diese noch so unbedeutend ist. Es ist ein Anfang! Für mich waren und sind das tägliche Dinge, die ich mir zugestehe, um Kraft zu tanken, um für meine Familie da zu sein, für meine Klienten, für alles, was auf mich zukommt. Sie helfen mir, mich auszurichten, mich zu erden, zu sein, zu leben. Ganz real und echt. Dazu zählen:

- Ein Dankeschön für alles, was mir begegnet und was ich habe.
- Offenheit, Achtung und Respekt mir selbst und anderen gegenüber. Natürlich auch Freundlichkeit und ein freundliches Wort.
- Ehrlichkeit, Verständnis, Toleranz und Klarheit.
- Nicht alles bis ins Letzte durchzuplanen oder so lange zu warten, bis es kurz vor knapp ist.
- Morgens laufen gehen und
- sehr wirksam in dunklen Momenten ist zu singen: »Ich liebe mein Leben«, »Ich liebe mein Leben« … immer und immer wieder. Probiere es aus! Und schau, was es mit dir macht.

Immer wieder: Die Trauerwelle, die dich durchbrandet

Der Prozess der Verarbeitung von Trauer tritt meist als Wellenbewegung auf. Sie kann uns an manchen Tagen vollkommen überrollen, so dass wir nichts anderes mehr wahrnehmen. An anderen Tagen verhält sich die Welle ruhig – wir können uns umschauen und auch wieder andere Dinge erkennen, Hoffnung schöpfen und glückliche Momente erleben. Diese Welle ist tatsächlich mit dem Bild eines im Wasser stehenden Menschen zu vergleichen, über den sich immer wieder die Wellen brechen, ohne dass er sich dagegen wehren kann. Im Gegenteil. Je mehr er kämpft, desto anstrengender wird der Moment, in dem die Welle über ihm zusammenbricht. Dazwischen gibt es immer wieder Intervalle, die Raum lassen, um um sich zu blicken, nichts ahnend, wann die nächste Welle kommen wird. Das, was sich im Laufe eines Entwicklungsprozesses verändert, ist, wie wir mit diesen Wellen umgehen.

Natürlich zeigt sich dieser Vorgang bei jedem Menschen auf ganz unterschiedliche Art und Weise. Gleichzeitig wird er von typischen Merkmalen gekennzeichnet, bedingt durch die Steuerung unseres Gehirns in Extremsituationen (siehe erstes Kapitel). Solche Extremsituationen äußern sich als Traumata, die dazu führen, dass sich bestimmte Areale in unserem Gehirn nicht mehr klar abrufen lassen. Systemisch kann man dies anhand eines Dreiecks erklären, das zwei Bezugspunkte braucht, um sich zu stabilisieren und überhaupt zu sein. Die eigene Ausrichtung geschieht immer anhand dieser Orientierung. Das heißt, wenn sich der eine Bezugspunkt bewegt, muss sich zugleich auch der andere Bezugspunkt bewegen, um die Stabilität innerhalb dieses imaginären gleichschenkligen Dreieck zu gewährleisten. Ist ein Bezugspunkt nicht mehr direkt sichtbar, bricht das ganze System zusammen – das Dreieck ist kein Dreieck mehr. Es entsteht eine völlig neue Form, da das alte stabilisierende System nicht mehr aufrechterhalten werden kann. Die direkte Folge sind

Orientierungslosigkeit, Unruhe, Schmerz, Fassungslosigkeit und Angst. Diese leidvollen Erfahrungen destabilisieren uns, und was hier sichtbar wird: Das, was wir ändern können, ist unser eigener Standpunkt. Nur, wenn ich es schaffe, mich neu zu orientieren, neue Strukturen in mir und im Außen aufzubauen, bin ich in der Lage, dem Schmerz den richtigen Platz im Leben zuzuweisen. Das schützt auch davor, dass die Welle, die er auslöst, übermächtig wird und alles beherrscht. Etwa indem du die Kraftquellen nutzt, die du für dich gefunden hast.

Mir hat in solchen Momenten gutgetan (und tut es immer noch), mich zu bewegen, laufen zu gehen oder zu atmen. Etwa die sogenannte Box- oder 4-4-4-4-Atmung auszuführen. Dabei atmest du vier Sekunden lang durch die Nase tief in den Bauch ein, hältst die Luft für vier Sekunden an, atmest vier Sekunden lang aus und wartest vier Sekunden, bevor du wieder einatmest. Diese Übung entspannt sehr schnell und lässt sich auch tagsüber jederzeit anwenden. Sie half mir gerade am Anfang, ins Jetzt zurückzufinden und in einer neuen Ordnung Stabilität in mir und in meinem Leben aufzubauen. Die täglich wiederkehrende Struktur verankerte mich im Hier und Jetzt und gab mir Vertrauen.

Im Schlepptau dieser Welle befindet sich meist ein weiteres Gefühl, es ist Teil des Schmerzes: eine ozeanische Sehnsucht, eine tiefe und oftmals auch sehr intensive Unruhe, die uns einen wichtigen Hinweis für unseren Lebensplan liefert.

Die Unruhe des Herzens verstehen

Die Unruhe des Herzens, die ganz besonders in Momenten der Trauer und während des Trauerprozesses auftritt, ist vor allem eine Sehnsucht des Herzens. Sie ist sehr facettenreich und zeigt sich als …

- Sehnsucht nach dem Verstorbenen,
- Sehnsucht, sich wieder ganz zu fühlen,
- Sehnsucht, einen Sinn im Leben zu finden,
- Sehnsucht nach einer unbekannten Heimat, nach einer unbekannten Dimension,
- Sehnsucht nach dem Göttlichen,
- Sehnsucht nach der Liebe,
- Sehnsucht nach Geborgenheit,
- Sehnsucht nach Frieden,
- Sehnsucht nach Freiheit,
- Sehnsucht nach Ruhe,
- Sehnsucht nach Heil.

In dem Wort »Sehnsucht« stecken die Wörter Sehnen und Sucht. Dies bedeutet, dass der Sehnsüchtige auf der Suche ist. Das Wort drückt einen Mangel aus, dass etwas fehlt. Dieser Zustand wird meist von einer inneren Unruhe gekennzeichnet. Einer Unruhe, die aufwirbelt und bedeutet, innerlich erschüttert zu sein.

Sie auszuhalten ist eine große Herausforderung, und viele Menschen greifen zu Suchtmitteln, um sie zu betäuben und ihr und dem Schmerz zu entgehen. Um mit dieser Sehnsucht besser umgehen zu können, hilft es zu verstehen, was diese Unruhe auslöst und womit sie zusammenhängt. Es geht also um die Ursache und letztlich um die Bereitschaft, dort genauer hinzusehen. Oft entpuppt sich die Sehnsucht als eine tiefe Verletzung, als ein Gefühl, dem eine Ohnmacht vorausging, als tiefe Trauer oder als Verzweifelt-Sein. Wer diesem Unruhezustand nachgeht und ihm die notwendige Aufmerksamkeit schenkt, öffnet eine innere Tür, die mit Schmerz verbunden ist. Gleichzeitig geschieht beim Öffnen dieser Tür Heilung: Wir beginnen zu weinen. Denn Weinen ist die Sprache der Seele – unliebsame Gefühle dürfen sein, du darfst sein und auch all deine Gefühle, die sich zeigen.

Um zu dieser Schwelle zu gelangen, damit du in Kontakt mit deinem Inneren kommst, können Affirmationen, Mantras, Meditation (in diesem Buch in Form von »Gedankenreisen«) und beruhigende Musik gute Hilfsmittel sein. Schließlich wirst du dich immer wieder nach dem Menschen sehnen, der gestorben ist.

Auch nach Jahren sehne ich mich nach meinem Mann, ebenso wie nach meiner Mutter, meiner Oma, meinem Opa und überhaupt nach all jenen, die schon vor mir gegangen und in meinem Herzen sind. ›Ich liebe euch und es gibt einen Teil in mir, der euch immer vermissen wird, der sich nach euch sehnt. Auch wenn ich eine tiefe Verbindung zu dieser Ebene habe und ein enges Verhältnis zu meinen geliebten Verstorbenen, so bin ich immer noch Mensch hier in dieser Welt und als solcher vermisse ich euch im Hier und Jetzt. Ich sehne mich nach eurer körperlichen Präsenz, nach einer handfesten Umarmung und überhaupt dem vertrauten Austausch, dem direkten Kontakt.‹

Der Tod verändert zwar die Art der Verbindung, doch die Vertrautheit, Zuneigung und Hingabe für den anderen und mit dem anderen werden immer das bleiben, was sie waren und sind. Wenn ich eines Tages auch in die geistige Welt gehe, werdet ihr mich empfangen und alles wird einen Sinn haben. Wie du im nächsten Kapitel sehen wirst, ist es mir möglich, mit Verstorbenen in Kontakt zu treten; dennoch ersetzt diese Begegnung keinesfalls die Trauerarbeit. Es kann ein Teil davon sein, gleichzeitig ist es wichtig, dass du bereit bist, durch Auseinandersetzung mit dir und deiner Sehnsucht alte seelische Verletzungen zu ergründen. Das ist immer mit Schmerz verbunden, zugleich möchte ich dir in der folgenden Gedankenreise vor Augen führen, was sich dir zeigt, wenn du den Mut hast, dich darauf einzulassen. Nämlich, was in der Tiefe deiner Seele verborgen ist.

Gedankenreise

Drachenflug

Ich sehe dich. Ich sehe, wer du bist, ich sehe deine Verletzungen, deine inneren Wunden und ich sehe deine Schritte, die du bereits gegangen bist und die du noch gehen darfst – Schritt für Schritt und Stück für Stück. Vor dir liegt eine Tür, eine Tür, die einen dunklen Raum öffnet, und ich lade dich nun ein, diese Tür zu öffnen und hindurchzuschreiten. Es ist eine Tür, deren Öffnung dir Klarheit schenken wird, wenn du den Mut aufbringst und bereit bist, in die Tiefe deiner Seele zu schauen. Und ich frage dich nun, bist du bereit? Bist du bereit, diese Tür zu öffnen und damit jenen Teil in dir zu entdecken, den ich jetzt schon sehe und fühle? Deine Seele hat mir zugeflüstert, dass sie bereit ist, in diese Tiefe zu schauen. Halte inne, gib deinem Verstand liebevoll zu verstehen, dass er nun eine Weile ruhig sein soll, damit du diese Schritte gehen kannst.

Mit diesen Worten atmest du noch einmal tief durch. Ganz bewusst lässt du den Atem durch deinen Körper fließen, spürst die Verbindung zu dir selbst und spürst in dem Moment die Kraft und Stärke, die in dir bereit sind. Ermutigt von diesem Gefühl, öffnest du die Tür: Ganz behutsam und sanft, abwartend und vielleicht etwas zögernd. Angetrieben wie ein Kind von dem Wunsch, zu wachsen und sich weiterzuentwickeln, schreitest du über die Schwelle in die Dunkelheit des dahinterliegenden Raumes. In der Dunkelheit findet sich die Tiefe, die Tiefe allen Seins, und nach und nach gewöhnen sich deine Augen an die Dunkelheit. Konzentriert auf deinen Atem findest du hier langsam Ruhe und kannst dich auf das besinnen, was um dich herum ist.

Du registrierst ein Schnauben eines riesengroßen Wesens, das sich ebenfalls in diesem Raum befindet. Es ist ein Drache - dein Drache. Er hat hier auf dich gewartet, um dich auf eine andere Ebene zu führen, eine Ebene, die dir dein wahres Sein offenbart und dir die Zusammenhänge allen Lebens verdeutlichen wird. Dein Mut, durch die Tür der Dunkelheit zu gehen, hat diese Begegnung möglich gemacht. Mit diesem Gedanken wird es heller: Licht strömt aus einer unbekannten Quelle zu euch und du erkennst, dass das Licht immer mächtiger ist als die Dunkelheit. Du blickst nun in die Augen des Drachens, die voll Güte und Liebe sind und erkennst seine Farbe, die sich in funkelnder Art und Weise in der Atmosphäre verteilt. Mit einer ungewohnten Selbstverständlichkeit steigst du auf den Rücken des Drachens, findest hier Halt und Geborgenheit, bereit, dem entgegenzugehen, was der Drache, dein Drache für dich bereithält. Ihr hebt ab, lautlos schwingt der Drache seine Flügel hoch in die Unendlichkeit, in eine andere Dimension. Diese Art Freiheit genießt du, sie erfüllt dich und du spürst das unbändige Vertrauen, was zwischen euch beiden herrscht.

Der Flug ist ein Erlebnis an sich: Wind weht durch dein Haar, Leichtigkeit durchströmt deinen Körper, ein Stück Magie wird dir hier zuteil. Sie erinnert dich an das Kind, das du einst warst, an seine Unbedarftheit, an seinen Glauben an das Gute, an sein Vertrauen in das Leben, an seine unbändige Liebe für seine Mutter und an das Band, was dich mit deinen Ahnen verbindet; so schwingt ihr beide höher und höher, hoch zu den Sternen, was dir ganz natürlich und selbstverständlich vorkommt. Ihr werdet ein Teil des Sternenhimmels, und zugleich fliegt der Drache zielgerichtet auf einen besonderen Stern zu. Es ist dein Seelenstern, der Stern, der alles Wissen über dich in sich trägt, der dich leitet und führt, wenn du bereit bist, die Stimme deines Herzens zu hören. Diesen Stern visiert ihr nun an. Alles um dich herum, um euch herum erstrahlt in goldenem Glitzerstaub, der dichter und dichter wird, je näher ihr dem Stern kommt, und mit einem Mal siehst du eine Art goldenes Tor, auf das dein Drache zusteuert.

Er setzt dich behutsam vor dem goldenen Tor ab und du klopfst beherzt gegen die Türe, einmal, zweimal, dreimal … Es wird dir geöffnet, doch statt einer menschlichen Gestalt warten hier zahlreiche funkelnde Lichter auf dich. Der Raum ist gefüllt davon, es ist allesamt Energie, die dir dient, die dich begleitet und die dich liebt. Eine Energie kommt in Gestalt eines Engels auf dich zu. Er spricht zu dir:

»Erkenne die Liebe, die in dir wohnt, sie ist der Stoff, aus dem das Universum geschaffen wurde, aus dem du geschaffen wurdest. Der Sinn deines Seins ist viel größer und umfassender als der gelebte Moment. Er geht darüber hinaus. Deine Vorstellungskraft wird nie ausreichen, um zu verstehen; dein Herz ist aber groß genug, um zu fühlen, was wahr und richtig ist, was wichtig ist. Gestehe dir zu, was du brauchst, um das zu leben, was du bist. Deshalb frage ich dich nun, was brauchst du, um zu leben? Was brauchst du, um deine Liebe in die Welt zu tragen? Und bedenke dabei, dass Liebe der Schlüssel zu allem Sein ist. Sie ist klar und nicht fordernd, sie ersehnt nur eins und das ist die Wahrheit, denn Liebe ist Energie und diese Energie vergeht nie. Sie bindet und verbindet alles. Lass vermeintliche Sicherheiten los, sieh, was wirklich ist und was sein darf. Wir begleiten und führen dich, wenn du bereit bist, jene Tür immer und immer wieder zu öffnen. Es ist die Tür der Verbindung zu deinem wahren Sein, fußend auf bedingungsloser Liebe. Kehre der Angst den Rücken und finde den Weg der Liebe, die kein ABER kennt, sondern nur ein JA - ein JA zu dir selbst und allem Sein. Erkenne auch die Vernetzung von allem, was ist. Dein Leben lehrt dich, schenkt dir die Lernschritte, die du einst gewählt hast. Lass dich nicht von deinem Verstand blenden und ordne dem Schmerz und der Trauer in deinem Leben den richtigen Platz zu. Es sind Lernschritte der Tiefe deines Seins. Und auch, wenn du dies nicht verstehst, so spüre, es ist nicht meine Absicht, dass du alles verstehst, sondern, dass du dich auf die Liebe und damit auf das Leben einlässt. Bitte darum, dass dir deine Verletzungen der Seele gezeigt werden, damit du sie loslassen kannst, damit sie geheilt werden und du so dein Leben befreit leben kannst. Erinnere dich immer und immer wieder daran. Es gibt viel mehr, als du mit bloßen Auge erkennen kannst!«

Mit diesen Worten entzündet sich mit einem Mal ein Feuer, ein Feuer, das reinigt und wärmt. Es entfacht in dir ein Wohlgefühl, eine nie dagewesene Liebe, die alles durchdringt. Es ist das Feuer der Liebe, was dich zugleich auffordert, in deine Wirklichkeit zurückzukehren – jenes Feuer in dir tragend, was du nun zusammen mit dem Drachen in deine Welt trägst. Langsam, ganz langsam bringt dich jener Drache zurück, der dir nun so vertraut ist, und setzt dich an der Schwelle der Tür ab, die dich wieder zurückbringen wird, in dem Wissen, dass du diese Erkenntnis nun in dir trägst, für immer.

Unter diesem QR-Code kann die Gedankenreise angehört werden. Such dir dazu auf der Internetseite die Gedankenreise »Drachenflug« aus.
https://come-back-life.de/gedankenreisen/

Die Beziehung zum Verstorbenen neu gestalten

Um dir und allem im Leben den richtigen Platz in Liebe zuzuordnen, gilt es, nicht sofort, sondern wenn du bereit dazu bist, dem Verstorbenen seinen Platz zuzuordnen. Ein Psychoanalytiker, den ich aufsuchte, sagte einmal zu mir, dass ein Trauerprozess nicht den Sinn und Zweck habe, den Verstorbenen zu vergessen, sondern ihm den richtigen Platz zuzuweisen. Das, was wir einmal geliebt haben, werden wir immer lieben – die Bande der Liebe zerfallen nie. Dennoch steht es an, die Beziehung zum Verstorbenen in ein neues Licht zu rücken und das eigene Leben aktiv zu gestalten. Das Bild, das mir dabei sehr geholfen hat, war das eines hübschen Aktenordners – ganz besonders gestaltet und ausgeschmückt. Dieser Ordner hat einen ganz besonderen Platz in meinem inneren Haus. Er ist nicht direkt präsent, aber jederzeit zugänglich, und ich bestimme, wann ich ihn heraushole und was ich mir darin ansehen möchte. Es gab Zeiten, gerade am Anfang meiner Trauerzeit, als ich mir diesen Ordner so vorgestellt hatte, da habe ich oft hineingeschaut, und dann solche, in denen ich lange gar nicht in der ihn blickte.

Der Ordner symbolisiert, dass es nicht darum geht, den Verstorbenen zu vergessen, sondern zu lernen, wieder selbstbestimmt durchs Leben zu gehen, weiterzugehen und die Beziehung zu ihm oder zu ihr neu zu gestalten, mit dem Ziel, nicht ständig von Trauer überrollt zu werden, sondern eine liebevolle Erinnerung aufzubauen, die wir aktiv im Austausch mit dem Verstorbenen pflegen können. Denn, ich wiederhole mich hier, der Tod ist ein Übergang in ein anderes Dasein, in das wir alle irgendwann nach Hause gehen (mehr dazu in Kapitel 4: »Die jenseitige Welt – unsere eigentliche Heimat«, Seite 141ff.). Und die, die diesen Weg schon gegangen sind, vergessen uns nicht. Sie sind immer noch ein Teil von uns und nehmen auch an unserem Alltag teil – unsere Beziehung zu ihnen braucht allerdings eine neue Ordnung, da ein entscheidender Bezugspunkt nicht mehr direkt sichtbar ist, wenngleich er dennoch existent ist! Um das Ganze besser zu verstehen und dir vielleicht auch noch mehr Kraft zu geben, helfen dir vielleicht die nun folgenden Ausführungen. Sie beleuchten unsere Beziehung zu dem geliebten verstorbenen Menschen noch einmal aus einem anderen Blickwinkel.

Loslassen bedeutet freigeben

Loszulassen ist mit Schmerz verbunden. Nicht mit dem Schmerz der Trauer, sondern mit dem der Öffnung. Energetisch bedeutet es, die Verkrampfung zu lösen, die du mit einem bestimmten Gefühl, mit dem Menschen, der gegangen ist, verbindest. Kennst du den Schmerz, wenn du dich aus einer Verkrampfung löst? Dabei tritt zunächst keine Erleichterung, sondern ein schmerzendes Gefühl auf. Um dieses

Gefühl abzurufen, möchte ich dich zu einer kleinen Übung einladen:

Inspirationen

Schließe deine Hand zu einer Faust. Schließe sie, so fest du kannst. Halte diese Position für circa 10 Sekunden und öffne nach 10 Sekunden deine Hand. Was ist notwendig, was musst du tun, damit du deine Hand überhaupt öffnen kannst? Was fühlst du? Was passiert in deiner Hand während des Prozesses? Was spürst du? Wann tritt Erleichterung ein? Und was geht der Erleichterung voraus?

Loslassen auf emotionaler Ebene folgt den gleichen Prinzipien. Es folgt einem bestimmten Ablauf und dazu musst du bereit sein, den Schmerz zuzulassen, damit du dich öffnen und »loslassen« kannst. Loslassen bedeutet, das Leben wieder in Fluss zu bringen. Mir persönlich hat dieser Begriff »loslassen«, der in so vielen Trauerratgebern thematisiert wird, immer Unbehagen bereitet. Ich konnte damit schlicht und ergreifend nichts anfangen, denn wie sollte ich meinen über alles geliebten Mann loslassen? Ich wehrte diesen Gedanken ab, weil ich nicht wusste, wie er gemeint war und wie das überhaupt funktionieren sollte. Mit Loslassen verband ich immer den Gedanken des Vergessens. Der wahre Kern und die wahre Bedeutung des Wortes »loslassen« kommen nach meiner heutigen Erkenntnis einer Aufforderung gleich. Es ist der Impuls zu vertrauen, zu vertrauen, dass die Liebe uns nie trennen wird, auch wenn sich das Leben komplett verändert hat. Es geht darum, nicht krampfhaft und mit aller Macht an der Vergangenheit festzuhalten, weil so kein Platz für etwas Neues ist. Auch in Bezug auf dich selbst nicht.

Ich spreche hier vom Urvertrauen in das Leben, dass sich alles zum Guten fügen wird. Und vielleicht hilft dir folgendes Bild vom Bumerang besser, die Not-Wendigkeit loszulassen zu verstehen: Du wirfst den Bumerang, er entfernt sich und du hast nun keine Kontrolle mehr über seinen Flug. Allerdings ist es seine Bestimmung, wieder zurückzukommen. Zu einem Zeitpunkt, den wir nicht exakt vorherbestimmen können. Seine Kraft und Wirkung ist so ausgerichtet, dass er sich bis zu einem gewissen Punkt entfernt, danach tritt eine Wende ein. Der Abstand zwischen dem Werfer – dir – und dem Bumerang wird dann wieder verkürzt.

Habe das Vertrauen, dass ihr zusammengehört und ihr euch immer wieder anziehen werdet, weil ihr verbunden seid durch ein unsichtbares Band. Im Fall des Bumerangs seid ihr durch physikalische Kräfte verbunden. Im »wirklichen« Leben ist diese Verbindung die Liebe. Was jenes Vertrauen stärken kann und soll, ist die Gewissheit, dass sich der Bumerang während seines Fluges nicht verändern wird. Er ist nur nicht mehr sichtbar für dich. Doch sein Wesenskern und seine Bestimmung bleiben die, die sie schon immer waren: Der Bumerang weiß, zu wem er gehört. Das, was sich ändert, sind die Erfahrungen und Eindrücke, die ihr beide während der Flugphase sammelt; ihr entwickelt euch beide weiter – die Liebe, Bestimmung und Verbindung bleiben aber immer bestehen.

Was bedeutet dieses Bild nun bezüglich des Loslassens? Es geht nicht darum, den Verstorbenen im Sinne eines Vergessens loszulassen, sondern anzunehmen und zu akzeptieren, dass der Verstorbene nun nicht mehr aktiver Part in deinem Alltag ist, aber dennoch nicht weit weg ist, sondern »nur« woanders. Loslassen heißt hier auch, dem anderen in Liebe die Freiheit zu schenken, den vorherbestimmten Weg zu gehen und darauf zu vertrauen, dass ihr wieder aufeinandertreffen werdet, sobald die Zeit dafür gekommen ist. Wenn du zu krampfhaft an deinem geliebten Menschen festhältst, wird dich dieses Festhalten so viel Kraft kosten, dass du irgendwann unter dem Druck zusammenbrichst. Das hat auch Auswirkungen auf die Menschen, die mit dir in Kontakt stehen, da du Teil eines großen Ganzen bist. Gleichzeitig wird das, was du liebst und loslässt, wieder zu dir zurückkehren. Vielleicht helfen dir – in Momenten, in denen du verzweifelt bist und alles infrage stellst – folgende Worte. Wiederhole sie am besten so lange, bis es dir besser geht und du wieder Ruhe und Halt in dir spürst:

Die Liebe hat die Kraft und Macht, den Schrecken des Todes zu überwinden, da sie in sich die Erkenntnis trägt, dass das Leben und die Liebe unendlich sind. Leben und Tod haben den gleichen Ursprung – sie sind eins. Die Endlichkeit unseres Seins ist eine Illusion.

Den Weg zu deinem Herzen finden

Alle Erfahrungen, die ich gemacht habe, waren wertvoll. Sie haben mich zu dem Menschen gemacht, der ich heute bin.

Und ich durfte den Weg zu meinem Herzen finden, mir selbst begegnen und das Erfahrene verarbeiten. Was ich dabei auch gelernt habe, ist, wie wichtig es ist, auf sich und seine Bedürfnisse zu hören. Denn wie die Verbindung zu anderen braucht auch die Verbindung zu dir selbst Pflege und Aufmerksamkeit. Das klingt simpel, ist aber doch so schwer. Schließlich haben viele von uns verlernt, auf die Stimme ihres Herzens zu hören, auf das, was sich da in ihrem Inneren zeigen möchte. Das zu finden war auch für mich ein langer Weg, doch ich möchte dir Mut machen, dass du es schaffen kannst, indem du bereit bist, dich zu öffnen, um so den Weg zu deinem Unterbewusstsein zu finden und dir und deiner Seele zuzuhören. Der Weg, das Leben zu verstehen und anzunehmen, führt über Krisen, denn diese offenbaren uns die Tiefe des Seins.

Gedankenreise

Sich selbst kennenlernen

Stell dir vor, dass du dich auf einem Schiff befindest, das mitten auf dem Meer treibt. Du liegst auf dem Bug und blickst in die hell leuchtende Sonne, die alles um dich herum wärmt und erstrahlen lässt, denn ihre Strahlen paaren sich mit dem Weiß des Schiffes und lassen so eine goldene Farbe entstehen, die du mit jedem Atemzug in dich aufnimmst und einatmest. Du wirst durchflutet von der Sonnenenergie. Sie füllt dich aus und du spürst zugleich das wohltuende Schaukeln des Schiffes, das sich im Takt des Meeres auf und ab bewegt, auf und ab, auf und ab. Du atmest nun ganz bewusst das golden absorbierende Licht der Sonne ein. Du bist entspannt, ganz entspannt und mit einem Mal wird die Stille um dich herum ganz laut. Du hast das Gefühl, dass du Stimmen hörst, die du noch nicht zuordnen kannst. Doch es stört dich nicht, du atmest einfach weiter, entspannst und genießt diesen Augenblick der Stille und Ruhe, fernab von jeglicher Alltagshektik.

Mit einem Mal lässt die Kraft der Sonne etwas nach, das Schiff hat sich weiterbewegt und ihr steuert auf eine Nebelbank zu. Es wird kühler und auch etwas dunkler. Das Schiff gleitet geradewegs auf die Nebelbank zu, die sich vor dir aufbaut; du stehst nun auf und wartest mutig, was sich vor dir zeigt. Das Schiff trägt dich durch die nahende Barriere hindurch. Inmitten der dichten Nebelbank wirkt alles um dich herum grau und farblos Kälte fließt in deinen Körper, doch du findest wieder Ruhe und Kraft in der bewussten Konzentration auf deinen Atem, ein und aus, ein und aus. Die Nebelbank wird lichter und lichter, die Sonne kehrt zurück, und vor dir tut sich ein Land auf, das du aus deinen Träumen kennst. Das Schiff gleitet nun ruhig und geräuschlos auf einen kleinen Fluss, der rechts und links von einem zauberhaften Land geziert ist. Das Ufer ist gesäumt von satten kräftigen grünen Pflanzen, gesunden und starken Bäumen, die hoch in den Himmel ragen und ihre Blätter Richtung Fluss neigen. Das Schiff bewegt sich ganz langsam auf den Wellen des Flusses weiter, Stück für Stück und wie von Zauberhand hält das Schiff an.

Du stehst noch immer am Bug und schaust auf das dir vertraute Land. Mit jedem Atemzug nimmst du die Schönheit der Landschaft in dir auf, ihre Majestät und das Heilige, das dir diese Landschaft suggeriert. Dein Blick fällt dabei auf eine lilafarbene Blume, deren Blüten als kleine Bälle ringförmig in den Himmel steigen. Du bewunderst diese Blume, die nur einen dünnen Stängel besitzt, auf dem sie ihre schwere Blütenpracht trägt. Diese Blume bewegt sich und balanciert im Takt des Windes, sie geht mit dem Wind und gleicht sich aus; du bist zutiefst fasziniert und bemerkst erst jetzt, dass sich dir eine Gestalt aus dem grünen Dickicht des Waldes hinter dem Fluss nähert. Sie trägt einen langen Umhang und hat eine Kapuze auf, so dass du nach wie vor nicht erkennen kannst, wer da kommt. Du hast keine Angst, denn du spürst, dass dir hier etwas Heiliges zuteilwird. Du erkennst weiter, dass die Gestalt ein Buch in der Hand hält. Sie kommt näher und näher und mit einem Mal weißt du, wer da auf dich zuschreitet. Es ist dein ständiger Begleiter, der deine Träume lenkt, der mit dir spricht, und der, der immer für dich da ist, bedingungslos. Die Gestalt reicht dir das Buch. Du nimmst es und schlägst die erste Seite auf, dort steht:

»Was ist deine größte Angst?« Und wie ein Blitz fährt diese Erkenntnis in dich. Du blätterst weiter und dort findest du eine weitere Frage: »Was begegnet dir im Leben immer wieder?« Und auch jetzt atmest du und erhältst im Stillen eine Antwort auf diese Frage; du blätterst weiter, dort findest du folgende Frage: »Was und wer ist im Leben am wichtigsten für dich?« Du atmest und der Atem trägt auch diese Antwort an dich heran, bereit, die nächste Seite in dem Buch aufzuschlagen: »Welches Spiel hat dir als Kind am meisten Freude bereitet?« Und auch jetzt wirst du durchflutet von der Antwort, die dir dein Herz offenbart, bereit, die nächste Seite des Buches aufzuschlagen: »Was verleiht dir im Leben Kraft und Ruhe?« Auch jetzt horchst du der weisen Antwort deines Herzens, und die Gestalt gibt dir nun zu verstehen, dass es Zeit ist, das Buch zurückzugeben, damit sie es sicher verwahrt. Es ist das Buch deines Lebens und du warst gerade bereit, einen Blick hineinzuwagen.

Das Schiff bewegt sich nun weiter, und wie von Zauberhand hält das Schiff wieder an und mit einem Mal ragt eine Leiter in den Fluss hinab. Dir wird zu verstehen gegeben, dass du nun hinabsteigen sollst in den Fluss. Behutsam steigst du die Leiter hinunter, Schritt für Schritt, steigst in das Wasser und wunderst dich, dass das Wasser so seicht ist an dieser Stelle. Es reicht dir gerade mal bis zu den Knien. Du blickst in den Fluss, blickst lange in den Fluss, das Wasser wird ruhig und ruhiger, und mit einem Mal erkennst du dich: Dein Spiegelbild schaut dich ganz klar und auffordernd an; zu dir wird die nächste Frage herangetragen: »Wer bist du?« Und mit dieser Frage tauchen alle Momente in deinem Leben auf, die dir Schmerz und Kummer bereitet haben. Es sind viele Momente und du erinnerst dich an die Fragen, die zuvor an dich herangetragen wurden und erkennst den Zusammenhang zwischen deiner Vergangenheit, der Gegenwart und der Zukunft als einen Strang, eine Kontinuität. Alles gehört zusammen.

Mit einem Mal hörst du jene Stimme, die du schon auf dem weiten Meer wahrgenommen hast: »Glaube an dich, nimm deine Angst an und wandle sie, indem du die Sichtweise auf dein Leben änderst. Die Gegenwart ist das, was zählt. Erinnere dich, wer du bist. Das Spiel als Kind schenkt dir auch heute noch Kraft und Freude, und das, was dir immer wieder begegnet, darfst du mit Liebe annehmen, dann wird es gewandelt und du findest Ruhe. Auf diesen Bausteinen, die du in der Vergangenheit gelegt hast, lässt sich ein Haus der Zukunft bauen, deiner Zukunft. Und darin wirst du die Antwort finden, wer du wirklich bist!«

Während dieser Worte blickst du immer noch in dein Spiegelbild und erkennst, dass du Teil von allem bist: Sei Liebe und du wirst Liebe empfangen, sei Freude und du wirst Freude empfangen, sei offen und die Welt wird sich dir öffnen. Langsam gehst du wieder zurück, steigst die Leiter des Schiffes hinauf und lässt dich durch den Nebelschleier auf das offene Meer zurücktragen, um die Welt nun mit anderen Augen zu betrachten, alles ist in dir, ergreife deine Möglichkeiten!

Unter diesem QR-Code kann die Gedankenreise angehört werden. Such dir dazu auf der Internetseite die Gedankenreise »Sich selbst kennenlernen« aus.
https://come-back-life.de/gedankenreisen/

Liebevolle Disziplin ist praktizierte Selbstliebe

Um deine Möglichkeiten ergreifen zu können und um deine Kraftquellen zu nutzen, ist natürlich eine gewisse Disziplin notwendig. Sie hilft gerade am Anfang mit einer täglichen Routine wie dem Entzünden einer Kerze, einer Mediation oder einer Gute-Nacht-Geschichte, wieder Halt und Struktur in deinem Leben zu finden. Sie hat mich in der schwersten Zeit meines Lebens getragen und begleitet. Diese Disziplin ist nicht mit Perfektionismus oder mit Aktionismus zu verwechseln. Sie ist eine liebevolle Disziplin, die auch dazu beiträgt, dass du deine inneren Widerstände überwindest.

Ein Beispiel: Ich gehe sehr oft am frühen Morgen laufen. Gerade zu dieser Tageszeit, und ich weiß sehr genau, dass mir die Bewegung im Freien und die Zeit mit mir selbst unglaublich guttun und mich fokussieren. Gleichzeitig diskutiere ich fast jeden Morgen mit mir, ob ich wirklich rausgehen soll. Schließlich gibt es ja noch so viel zu tun, fühle ich mich nicht 100-prozentig gut und überhaupt ist es noch dunkel und kalt. Ausreden kenne ich zu Genüge und letztlich verdanke ich es meiner Selbstdisziplin, dass ich wirklich rausgehe und einfach laufe. Aus meiner Erfahrung heraus weiß ich heute, dass es immens wichtig ist, diesen inneren Widerstand in sich zu überwinden, um weiterzumachen und auch mit seiner Persönlichkeitsentwicklung weiterzukommen. Wie oft hast du dich selbst an einer wichtigen und entscheidenden Stelle ausgebremst, nicht weitergemacht und die berühmteste aller Ausreden gebraucht, die mit der Zeit?!

Es ist von enormer Bedeutung, dass du dich und deine Bedürfnisse kennen und lieben lernst. Frage ich meine Klientinnen und Klienten, was sie brauchen, damit es ihnen wieder besser geht, antwortet der eine oder andere: »Ich brauche den geliebten Menschen.« Natürlich ist dem so, dennoch ist hier eine Einschätzung wichtig: ›Was brauche ich wirklich? Was kann mir helfen, um wieder mehr Verankerung in mir und der Welt zu spüren?‹ Oftmals kommt dann ein resigniertes: ›Ich weiß es nicht‹, da vielen die Trauer den Blick darauf verstellt. Es fehlt der Schlüssel zu eigener Wahrheit und Klarheit. Ihn zu entdecken ist Ziel der Persönlichkeitsarbeit innerhalb des Trauerprozesses. Denn den Schmerz über den Verlust des geliebten Menschen zu verarbeiten, ist die eine Sache. Die andere ist, was du brauchst, um wieder Sicherheit und Freude in dir zu verankern und deinen neuen Weg zu finden. Und diesen weiter- und immer weiterzuverfolgen.

Oft stehen wir und unser Verstand uns hier im Weg, und wie ein Sportler bestimmte Übungen täglich vollziehen muss, um erfolgreich zu sein, so darf und muss auch jene innere Haltung, die zur Klarheit führt, geübt und trainiert werden. Konkret meine ich damit tägliche Übungen zur Ausrichtung auf den Tag. Das kann ein Spaziergang in der Natur sein, eine Meditation oder eine Atemübung; sie helfen uns, gelassener zu werden, und öffnen unseren Geist, damit wir mehr und mehr ins Fühlen kommen. Die nun folgende meditative Geschichte lädt dich dazu ein, deinen Geist zu öffnen und der Wahrheit ein Stück näherzukommen.

Gedankenreise

Die Sprache des Körpers und warum Bewegung so bedeutsam ist

Stelle dir vor, dass du ruhig wirst, ganz ruhig. Stelle dir vor, dass du deinem Atem folgen kannst, der tief und sehr fließend ein- und ausströmt – ein und aus, ein und aus. Nichts ist wichtig. Alles ist so, wie es sein soll. Diese Vorstellung schenkt dir Sicherheit. Du schließt deine Augen und nimmst Kontakt mit dir auf. Und ich stelle dir nun eine Frage, die du ganz klar beantworten kannst: Magst du mir folgen auf eine Reise zu deinem Körper? Willst du die Sprache deines Körpers besser verstehen lernen? Und willst du fühlen, was dich so oft davon abhält, deinem Körper Gutes zu tun? Wenn du dies alles mit einem klaren Ja beantworten kannst, so folge mir weiter, um dir eine Sichtweise zu zeigen, die dir deine eigenen Bedürfnisse klarmacht und verdeutlicht.

Vergegenwärtige dir nun deinen Körper, fange bei den kleinen Zehen an, spüre ihre Aufgabe und Funktion, ihre große Last, die sie so oft ganz klaglos tragen. Spüre die Anspannung, die sie haben, und sende im Stillen ein liebes Dankeschön, dass sie einen großen Teil dazu beitragen, dich durch dieses

Leben zu tragen. Geh nun weiter zu dem großen Gewölbe deines Fußes, spüre seine Spannung, die er braucht, um wie ein kleines Dach dein Gewicht zu tragen – bedingungslos und fortwährend. Ebenso ist die Ferse Teil dieses lastentragenden Elements deines Körpers, stets bereit, dich zu tragen.

Interessant ist das Zusammenspiel deiner Füße mit deinen Beinen, denn ein Schritt nach vorne ist gekennzeichnet durch das Verständnis, durch die harmonische Abstimmung der Bewegungsabläufe, die diesen Schritt überhaupt erst ermöglichen. Der Anfang von allem ist ein Gedanke, der auch nur flüchtig vorbeihuschen kann. Er steuert den Willen, der die Initialzündung für die Ausführung einer Bewegung gibt und die Motivation liefert, sich zu bewegen. Ein einziger Gedanke setzt so eng abgestimmte, komplexe Bewegungsabläufe in Gang, weiter und immer weiter – es geht um die Bewegung, um den eigenen Antrieb.

Der innere Dialog hält an und du fragst dich: Welche Bedeutung hat die Bewegung für mein Leben? Du atmest weiter, bleibst in der Ruhe und lauschst der Antwort, die aus deinem Inneren zu dir dringt: »Bewegung ist eine Form des Ausdrucks der Seele, sich Luft zu machen, der Kopf ist still. Wenn wir uns bewegen und der Bewegung Aufmerksamkeit schenken, wird es ruhig in uns und das Herz bekommt die Chance, gehört zu werden. Bewegung ist so immens wichtig für alles, was wir tun. Unser Körper ist das Werkzeug, um in dieser Welt agieren zu können. Unseren Körper zu pflegen, ihm Aufmerksamkeit zu schenken und ihm eine Sprache zuzugestehen, schenkt uns langfristig Harmonie mit uns selbst. Denn nur der Einklang von Körper, Geist und Seele bietet langfristig innere Stabilität.«

Und weiter fragst du dich, weshalb du dir oft selbst im Wege stehen, weshalb du so oft die Zeichen des Körpers überhörst? Und auch jetzt findest du die Antwort in deinem Inneren: »Wir haben einen Anteil in uns, der unser Leben lang mit uns kämpft und ringt. Jener Anteil hat ebenso eine eigene Stimme, die sehr laut sein kann und die Sprache des Körpers übertüncht. Es ist jener Anteil, der bequem ist, der unbedingt möchte, dass du nicht vorwärtskommst. Der will, dass du dich nicht gut fühlst. Es ist deine Aufgabe, der Sprache deines Körpers ein größeres Gewicht zu verleihen und jenem inneren Widersacher Einhalt zu gebieten. Im Bewusstsein, dass der Körper ganz essenziell Bewegung braucht, um zu sein, um seiner Bestimmung zu folgen, die eng mit der Motivation verknüpft ist, die die Basis aller Handlungen ist.«

Abschließend kommt dir der Gedanke, was du denn tun kannst, um dem inneren Widersacher Einhalt zu gebieten? Und auch jetzt wird die Antwort ganz still und behutsam zu dir getragen: »Es ist die Kunst, mit sich selbst eine liebevolle Disziplin zu üben und Ausreden zu enttarnen. Zeit hat man nicht, man nimmt sie sich und es gilt, den Wert der Bewegung anzuerkennen, die sich in einer tiefen Dankbarkeit für den eigenen Körper äußert.«

Hast du schon einmal probiert, diese Dankbarkeit zu äußern? »Lieber Körper, ich bin dir so dankbar, dass du mich jeden Tag durch dieses Leben trägst. Dass du mein Werkzeug bist, um mich in dieser Welt auszudrücken und zu sein. Ich habe dir schon so viel zugemutet und trotzdem warst und bist du mir immer treu geblieben. Ich bin sehr froh, dass genau du mich so bedingungslos begleitest bis zum letzten Atemzug, schön, dass du da bist. Und ich will mir nun Zeit für dich nehmen, damit wir beide gesund bleiben und du die Aufmerksamkeit erhältst, die dir zusteht. Bitte melde dich, wenn es dir nicht gutgeht. Ich bin da, ich bin für uns da, und ich werde ab jetzt deiner Stimme Aufmerksamkeit schenken, denn ich bin mir voll und ganz bewusst, dass du mir so viele Zeichen sendest, die ich so häufig überhöre.«

Unter diesem QR-Code kann die Gedankenreise angehört werden. Such dir dazu auf der Internetseite die Gedankenreise »Die Sprache des Körpers ...« aus.
https://come-back-life.de/gedankenreisen/

Dem Körper zu danken – ihm Aufmerksamkeit zu schenken, diesem irdischen Geschenk – das ist wichtig, gerade, weil wir ihn gerne als etwas Selbstverständliches hinnehmen, das uns in dem Moment, in dem wir einen großen Verlust erfahren haben, als so trennend vorkommt. Dabei ist er ein solch wundervoller Resonanzraum, um Verbundenheit, Freude, Harmonie und Glück zu erfahren. Um diesen Schritt in den dunklen Stunden, die du gerade oder immer wieder erfährst, leichter zu gehen, möchte ich dir im nächsten Kapitel zeigen, wohin unsere lieben Verstorbenen gehen und was sie und uns dort erwartet.

Meine Gedanken

Kapitel 4

Die jenseitige Welt – unsere eigentliche Heimat

Inspirationen

Stelle dir einen Wolkenteppich vor, gefüllt mit gold-rosé-farbenem Licht. Wie eine Flutwelle fließt er über dich auf den Gipfel eines Berges, den du zuvor mühevoll und mit Anstrengung erklommen hast. Diese Wolkendecke schwebt auf dich zu, ähnlich einem Fluss, der sich unaufhaltsam seinen Weg bahnt. Die Wolkendecke umhüllt und umgibt dich, lässt dich versinken in ein sanftes Meer, geschmiedet aus Wolken des Himmels. Nun ist die Zeit des Lohnes, des Sich-fallen-Lassens, umhüllt von der Leichtigkeit des Seins nach getaner Arbeit. Genieße diesen besonderen Augenblick im Jetzt.

Wie schon mehrfach in diesem Buch erwähnt, endet unsere Beziehung zu unseren Verstorbenen nicht mit dem Tod. Sie sind uns nur einen Schritt voraus. Sie betrachten vieles von einer anderen Warte und blicken auf unser Leben aus einer anderen Perspektive. Sterben wir Menschen, stirbt unser irdischer Körper – nicht unsere unsterbliche Seele. Nichts geht verloren, alles bleibt im Band der Liebe verknüpft für die Ewigkeit. Denn Liebe ist zeit- und raumlos. Und die Frage, die sich stellt, ist: Bin ich bereit, den Schleier zu lüften?

Nach dem Tod meines Mannes ereigneten sich immer wieder merkwürdige Zufälle, wie ich sie bereits in Kapitel 2 angesprochen habe. Sie lassen sich allesamt irgendwie erklären. In ihrer Gesamtheit jedoch sind sie bemerkenswert und auch sehr kraftvoll. Auch heute noch nehme ich solche Zeichen wahr. Sie sind für mich allerdings viel natürlicher geworden und ich empfinde sie als liebevolle Begleitung durch meine Verstorbenen. Etwa wenn unser Küchenradio aus »heiterem Himmel« angeht, das Telefon hin und wieder klingelt, ohne dass jemand am anderen Ende zu hören ist. Oder unser Fernseher sich regelmäßig mit einer Sonderausgabe des Programms zuschaltet, indem er ein hübsches Streifenmuster zeigt. Eines Nachts »sah« ich meinen Mann sogar. Er stand neben unserem Fernseher, trug seine Lieblingsjacke und lächelte mich an. Natürlich kann ich an dieser Stelle niemandem den Zweifel nehmen, den meine Schilderung auslöst. Ich möchte hier auch niemanden missionieren, sondern nur mitteilen, was ich gesehen habe – meinen Mann, Olaf, so wie er war, als er gelebt hat.

Was passiert mit uns, wenn wir sterben?

Stell dir eine Raupe vor, die sich ihres Kokons entledigt, um emporzusteigen und die Schwere ihres bisherigen Seins hinter sich zu lassen. Aus der Raupe wird ein Schmetterling, eine Transformation findet statt: Mit dem Ablegen der alten Hülle ist sie nicht mehr die, die sie einst war, und doch ist ihr Kern derselbe. Wir sind Körper, Geist und Seele. Das ist der Grund, weshalb wir leben – hier auf dieser Erde leben. Mit dem Tod entledigen wir uns eines schweren Mantels und steigen empor, so wie der Schmetterling seinen Kokon ablegt und seine Flügel offenbart. Wir sind Energie, und Energie geht niemals verloren, sie wird transformiert.

Schließe deine Augen, nimm die Dunkelheit wahr, die dich hierbei umgibt, spüre deinen Atem, spüre, wie dieser ein und ausströmt - ein und aus. Lass dich treiben, gib dich diesem Moment hin und entdecke, dass dir hier ein Teil von dir offenbart wird, der in der Hektik und dem Chaos des Alltags untergeht. Es ist eine Anbindung, eine Anbindung an dich mit all deinen Anteilen, die du nur in der Ruhe spüren kannst. Mit diesem Gedanken nimmst du wahr, dass die Dunkelheit sich lichtet und du inmitten einer Höhle stehst. Sie wird von einem kosmischen Licht gespeist, das blau schimmert und glitzert. Langsam, ganz langsam findest du Orientierung, schaust dich in Ruhe um. In einem tiefen Bewusstsein, einem Bewusstsein, das es dir ermöglicht, deine Umgebung mit jeder Einzelheit wahrzunehmen und zu erkennen, dass dieser Ort von einer allumfassenden Harmonie getränkt ist.

Es steht nun im Raum, dass du dich mit dieser allumfassenden Harmonie vertraut machst. Was bedeutet Harmonie? Wie entsteht Harmonie? Und was kannst du dazu beitragen, dass Harmonie allumfassend ist? Bist du bereit, diesen Fragen auf den Grund zu gehen? Bist du bereit, Wahrheit anzunehmen? Bist du bereit, die Verantwortung für dich zu übernehmen? Falls du dies alles mit einem klaren Ja beantworten kannst, so folge mir. Ich kenne deine dunklen Räume, deine Sehnsucht, deine Ängste, deinen Schmerz und deine Unsicherheit. Lass dir einen Moment Zeit, um diesen Gefühlen nun Raum zu geben. Lass dich hier auf den Schmerz ein, denn nur in der Annahme und Wahrnehmung kann Wandlung geschehen. Vergiss nicht, dass diese Gefühle Beachtung brauchen, damit sie ruhiger werden, so wie ein ungebetener Gast auf einer Party erst gehen wird, wenn du ihn begrüßt und beachtet hast. Gib diesem Austausch Raum, jetzt, hier und in diesem Moment, denn du bist in Sicherheit. Lass deinen Atem fließen und spüre, fühle und höre, was dir der Schmerz in dir zu sagen hat. In der Beachtung und Annahme kann Heilung geschehen, die Teil der Klarheit ist und der Unruhe Einhalt gebietet.

Indem du dich auf diese Wahrnehmung eingelassen und dich gespürt hast, wird deine Umgebung noch klarer. Durch die Höhle fließt ein leuchtblauer Fluss, der lebendig und erquickend vor sich hinplätschert. Das Wasser wirkt anziehend und einladend auf dich, sein Licht spiegelt sich an der Höhlendecke, es flackert ein bisschen, zudem spürst du eine angenehme Wärme. Die Wärme umgibt dich, du fühlst dich wohl und geborgen, bereit, weiterzugehen und das Leben heute in einer anderen Perspektive anzunehmen. Und von Ferne hörst du eine Stimme, die dich auffordert, deine Vorstellungskraft zu nutzen, um die Höhle nach deinen Vorstellungen weiterzugestalten: »Glaube an dich, nutze die Kraft deiner Gedanken. In der Begegnung mit deinem Schmerz hast du dir die Macht zurückgeholt, deine Handlungsmacht und deine Handlungsfähigkeit.«

Erneut lässt du dich auf diesen Augenblick ein, spürst und fühlst, was du dir jetzt in diesem Augenblick wünschst. Dein Wunsch offenbart sich deutlich und zugleich erfüllt er sich, hier und jetzt, begleitet von deinem Atem, der nach wie vor rhythmisch ein und ausströmt, ein und aus, ein und aus. Vor dir erscheint ein Boot, das zielstrebig auf dich zusteuert. In dem Boot sitzt eine Gestalt, die dir sehr bekannt ist. Dein Herz erkennt den Steuermann und du spürst ein altes Urvertrauen in dir, eine alte Sehnsucht, die hier Erfüllung findet. Du steigst zu dem Steuermann und fühlst Ruhe und Frieden. Dieser Moment hat alles, was du dir wünschst - es ist alles da. Mit diesem Gedanken sinkt aus dem Himmel ein Farbspektrum herab, das gespeist ist von einzelnen Hexametern, die vermischt sind von violetten, magentafarbenen und blauen Farben. Du atmest das Farbspektrum bewusst ein, lässt die Farben durch deinen Körper strömen und spürst, wie sehr hier ein andere Ebene des Seins in dich hineinfließt - alles bekommt einen Sinn. Ruhe und Gelassenheit durchströmen dich, was dir einen Blick in eine andere Dimension ermöglicht, und es wird dir ein Bild geschenkt. Ein Bild, das alles mit allem verbindet, es ist das Bild der Raupe, die sich ihres Kokons entledigt, um emporzusteigen als Schmetterling, der sich durch den Tod eines schweren Mantels entledigt und seine Flügel offenbart. Wenn du bereit bist, diese Wahrheit anzunehmen, so nimmst du ein Geschenk entgegen, dass dir wieder Sinn in deinem Leben schenkt. Wenn du diese Wahrheit bekundest, so kann ich dich mitnehmen in eine neue Welt, die dir wieder Leichtigkeit und Freude beschert. In der sogar Wunder möglich sind und Harmonie herrscht, denn alles ist mit allem abgestimmt. Komm, komm und atme, atme weiter dieses Licht ein, das dich zu tieferen Ebenen des Seins geführt hat, in der Wandlung möglich ist und du die Verantwortung für dich und dein Leben übernimmst. Es ist ein Segen, wenn du dies für dich annehmen kannst. Denn es schenkt dir Ruhe, Gelassenheit und die Kraft, in dich zu gehen und jeden Tag aufs Neue die Verbindung zu dir selbst zu pflegen, die zugleich die Verbindung zum Göttlichen und deinem höheren Sein ist. Die Dunkelheit ist dabei ein wichtiger Lehrmeister, nimm dies an und lebe.«

Der Steuermann auf dem Boot senkt die Paddel nach wie vor rhythmisch ins Wasser. Du blickst nun genauer auf jene Gestalt, die dir so vertraut ist und erkennst, wer da vor dir steht. Der Steuermann ist ein Spiegelbild deiner selbst - sieh, fühle und betrachte dich. Was siehst du, wie begegnest du dir, welche Ausstrahlung hast du? Und wenn du dies getan hast, so erhebe dich und umarme und liebe dich, denn das ist der Weg zurück, zurück in deine Welt. Atme und erkenne, dass alles mit allem verbunden ist. Du kommst nun wieder zurück an jenen Ort, den du zu Beginn deiner Reise betreten hast. Es ist nun Zeit, wieder im Hier und Jetzt anzukommen.

Das Hier und Jetzt, denkst du, wäre deine Heimat und der geliebte Mensch, der von dir gegangen ist, hätte diese Ebene verlassen. Das ist nur zum Teil richtig. Der Tod ist nichts anderes als eine Illusion, weil er uns dahin führt, wo unser aller Leben entspringt und unsere Heimat ist.

Botschaft: Der Tod – eine Illusion

Inspirationen

Stelle dir vor, dass der Tod nur eine Illusion ist, dass es den Tod nicht wirklich gibt und dass die Trennung, die wir spüren, wenn ein geliebter Mensch stirbt, in Wahrheit nur eine Illusion ist. Fühlst du den heilenden Balsam, der sich hinter diesem Gedanken verbirgt? Und bist du bereit, dich für eine andere Wirklichkeit zu öffnen, die ich an dieser Stelle Heimat nennen möchte und die Heilung und Trost bedeutet? Denn was heißt sterben? Kannst du die Wahrheit annehmen, dass alles ein Kreislauf ist, der einem regelmäßigem Rhythmus unterliegt? Alles hat seine Zeit. Wir sind Körper, Geist und Seele – das, was stirbt, ist unser Körper, wir gehen über in eine andere Dimension, die mit den Augen nicht fassbar ist. Ich spreche hier von einer Dimension, die unsere wahre Heimat ist. Es ist die Heimat, die in unserem Herzen verborgen ist und nach der wir uns stets sehnen. Spürst du, dass die, die schon vor uns gegangen sind, nicht wirklich weg sind, sondern nur einen Schritt weiter in jenem Rhythmus, in jenem Kreislauf, dem wir alle unterliegen? Spürst du die große Kraft, die hinter diesem Gedanken steckt? Es steht Heilung dahinter - verweile in diesem Erkennen, dein Herz sehnt sich danach. Das Leben ist so viel mehr als das, was wir mit dem bloßen Auge erblicken können.

Kennst du die Kraft und die Verbindung, die durch das Band der Liebe möglich sind? Kannst du die Wahrheit annehmen, dass alles Energie ist und uns der Schmerz, den der irdische Tod eines geliebten Manschens auslöst, abhält von der heilenden Wahrheit - dass wir nicht wirklich sterben, sondern in eine andere Dimension transformieren? Darf ich dich mitnehmen auf eine Reise in jene andere Dimension, in die unsere lieben Verstorbenen hinübergewechselt sind?

Wenn wir sterben, lassen wir unseren irdischen Körper zurück. Wir reisen in das Land, das unsere eigentliche Heimat ist. Die Liebe, die uns verbindet, verbindet uns immer, daran ändert sich nichts. In jener anderen Dimension leben unsere lieben Verstorbenen, wachen über uns und versuchen uns zu beweisen, dass sie immer noch da sind - nur auf einer anderen Ebene. Von dieser Ebene begleiten sie unser Leben und sind stets da, wenn wir sie brauchen.

Darf ich dich an dieser Stelle fragen, ob du auch Zeichen kennst, die du nicht zuordnen konntest, die du aus deinem Gedächtnis vertrieben hast? Gib diesen Zeichen die Chance, sich zu zeigen und sie wahrzunehmen. Denn der Schmerz, den wir spüren, wenn ein geliebter Mensch stirbt, ist in Wahrheit der Schmerz, dass wir das Leben im Hier und Jetzt von nun an alleine meistern müssen. Und nimm den Trost an, dass der Tod nur ein Übergang in eine andere Daseinsform ist. Wenn wir die Wahl treffen, uns für diese Wahrheit zu öffnen, so steht uns eine Reise in jene Dimension offen. Sie ist zugleich eine Reise zu dir selbst, denn wir finden den Weg in innerer Einkehr, Meditation, Stille, Ruhe und im Gebet, was sich alles in tiefer Demut äußert. Gott hat uns dieses Wissen zuteilwerden lassen, damit wir Trost finden und das Göttliche auch immer wieder Teil unseres Lebens in der irdischen Welt sein kann. Es ist unsere freie Wahl, dies anzunehmen oder auch nicht. Ich möchte dir mit dieser Wahrheit Trost schenken, aber auch Hoffnung und Mut machen. Denn ja, es gibt ein Leben nach dem Tod und in Wahrheit sind wir uns ganz nah. Nimm die Aufgabe an, die sich mit dem Tod eines nahestehenden Menschen ergibt, und verzweifle nicht, sondern glaube, hoffe und bete, das alles dir Heilung schenken wird.

Kann sein, dass das alles für dich nicht leicht nachzuvollziehen ist. Und wie bereits gesagt, musst du diese Botschaft nicht ganz verstehen: Das, was bleiben soll, wird bleiben.

Wenn du möchtest, gehe ich noch einen Schritt weiter mit dir und nehme dich mit in jenes Land, das ich als Heimat verstehe:

Gedankenreise

Der Weg zur Heimat

Schließe deine Augen und stelle dir goldenes Licht vor – es erfüllt dein Herz und deinen gesamten Körper. Atme dieses goldene Licht ein und lass dich komplett von ihm umhüllen. Bei jeder Einatmung sprichst du den Satz: »Ich bin dankbar« und bei jeder Ausatmung. »Ich bin heil.« So atmest du ein und aus, ein und aus. Lass deinen Tränen, wenn sie vielleicht kommen, freien Lauf, denn sie spenden dir Trost und schenken dir Ruhe – atme ein und aus, ein und aus. »Ich bin dankbar« – »Ich bin heil«. Spüre die wohltuende Kraft, die dir das goldene Licht verleiht und lege es als Balsam über deine schmerzenden Stellen, dein schmerzendes Herz. Begrüße deine Trauer, denn sie hat dir gezeigt, dass du liebst und dich öffnen kannst. Sprich mit ihr und gib ihr eine Stimme, sie hat dir etwas zu sagen. Umarme sie, spüre sie und nimm sie an. Sie wartet darauf, endlich angenommen zu werden, denn sie ist ein Teil von dir. Jener Teil, der so sehr geliebt hat, dass nun die Sehnsucht in dir nach Heimat entfacht ist.

Atme, atme ganz bewusst und lass dich durch Dankbarkeit in das Land der Heilung führen. Die

Trauer verleiht dir Flügel, die du brauchst, um jenes Land zu besuchen. Sie liefert dir das Vermögen, dieses Land überhaupt betreten zu können. Die Flügel umspannen eine Wirklichkeit, die Liebe und Frieden verspricht. Begrüße die Trauer, sie ist gekommen, um dich die Tiefen des Lebens zu lehren, und sie wird dich führen, dich nicht im Stich lassen. Dein Schmerz ist das, was dich lebendig macht. Sprich mit der Trauer, stell ihr eine Frage und sei bereit für die Antwort. Wenn du jetzt noch nichts hören kannst, so habe Geduld, suche das Gespräch immer und immer wieder. Höre, was sie dir zu sagen hat, denn es wird dich zur Heilung leiten. Deine Bereitschaft ist alles, was dazu notwendig ist.

Unter diesem QR-Code kann die Gedankenreise angehört werden. Such dir dazu auf der Internetseite die Gedankenreise »Der Weg zur Heimat« aus.
https://come-back-life.de/gedankenreisen/

Die Welt der Verstorbenen – der Himmel

Für mich bedeutet »Himmel« vor allem ein Leben in Harmonie und in Glückseligkeit. Er ist für mich der Ort, von dem wir alle kamen und zu dem wir eines Tages wieder zurückkehren werden, wenn unsere Zeit da ist. Er ist der Ursprung allen Seins, aller Weisheit und aller Liebe – er ist unsere Heimat.

Inspirationen

Tritt ein in jene Welt, die unserer so ähnlich ist und doch ganz anders. Es ist deine eigentliche Heimat, jener Ort, den wir für eine Reise verlassen und zu dem wir eines Tages alle wieder zurückkehren werden. Es ist ein Ort der Liebe und des Friedens. Es ist deine Heimat, meine Heimat, unsere Heimat. Und wenn die Zeit gekommen ist, dann werden jene auf dich warten, die schon vor dir gegangen sind - sie erwarten dich. Und die Wahrheit ist, dass es eine Trennung in Wirklichkeit nie gab, sie ist das Produkt der Endlichkeit. Ein Preis, den wir hier für unser Leben auf der Erde bezahlen. Sprenge diese Grenze der Illusion und du wirst eine Wahrheit finden, die dazu beiträgt, dass dein Herz heilen kann. Der andere Teil, den wir selbst erfüllen müssen, um innerlich zu heilen, ist Verantwortung für unser, für dein Leben zu übernehmen, für das du dich ganz bewusst entschieden hast.

Inspiration und Seelenfrieden

Der Himmel ist unsere eigentliche Heimat, unsere eigenen Vorstellungen und Erlebnisse gestalten diesen Ort, der ein geistiger Ort ist. Letztlich ist es so schwer für uns, uns diesen Ort wirklich vorzustellen, da die Verbildlichung einfach die Vorstellungsfähigkeit unseres Verstandes übersteigt. Der Verstand will, das Herz fühlt und wir selbst entscheiden, ob wir uns für den Gedanken öffnen können, dass es eine Welt außerhalb unserer konkreten Vorstellungskraft gibt, die unsere eigentliche Heimat ist, die wir Himmel nennen. Aus diesem Grund beschreibe ich diesen Ort gerne mit Emotionen, denn Gefühle sind die Sprache der Seele, und der Himmel ist die Heimat unserer Seele. Das prägendste und allumfassendste Gefühl, mit dem ich den Himmel beschreibe, ist die Liebe, die einhergeht mit dem Gefühl von Geborgenheit, innerem Frieden und Ruhe, getragen werden und erfüllt sein. Der Himmel ist ein Ort, an dem es kein Leid, keine Trennung, keinen Schmerz, keine Angst, keine Trauer, keine Missgunst oder Ähnliches gibt.

In vielen Sitzungen und besonders während des Schreibens besuche ich mental immer wieder jenen Ort, den wir Himmel nennen. Für uns ist dies kaum vorstellbar, und doch hat der Gedanke, haben die Einblicke in jene himmlische Welt so Vieles hier auf der Erde geprägt und geformt, wie auch die Lehre Jesu Christi. So sprach Jesus in vielen seiner Predigten auch immer wieder vom Himmel als »Reich Gottes«, das geprägt ist von Tugenden wie Gerechtigkeit, Frieden, Barmherzigkeit, Brüderlichkeit und Frieden. Die Vorstellung und Einsicht in diese jenseitige Welt können auch heute noch Inspiration, Anbindung und Ausrichtung auf unterschiedlichsten Ebenen unseres Seins vermitteln. Der Himmel oder, so wie ich diese Welt bezeichne, die geistige Welt kann uns unseren Weg zeigen und uns helfen, uns selbst und unserer inneren Weisheit näherzukommen.

Dies kann zum Beispiel durch die Arbeit mit einem Medium gelingen, welches Botschaften aus der geistigen Welt empfängt und sie weitergibt. Diese Botschaften können uns auf dem Weg unseres Lebens unterstützen, dies insbesondere in Zeiten der Trauer, die sehr oft dadurch geprägt sind, dass die eigenen Bedürfnisse und Wünsche nicht mehr wahrgenommen werden können. In meiner Arbeit spüre ich sehr oft, wie sich Trauernde durch die Botschaften der geistigen Ebenen öffnen und Hoffnung und Trost finden können. Auch Jesus Christus war in diesem Sinne ein Medium. Als Mittler von Himmel und Erde brachte er göttliche Weisheit auf die Erde. Seine Botschaften waren himmlische Botschaften. Er selbst stellte klar, dass er ein direkter Abgesandter Gottes war: »Ich aber habe ein gewichtigeres Zeugnis als das des Johannes: Die Werke, die mein Vater mir übertragen hat, damit ich sie zu Ende führe, diese Werke, die ich vollbringe, legen Zeugnis dafür ab, dass mich der Vater gesandt hat. Auch der Vater selbst, der mich gesandt hat, hat über mich Zeugnis abgelegt« (Joh 5,36f). Somit waren seine Botschaften göttlichen Ursprungs, was nichts anderes als die Aufgabe eines Mediums ist – ein weiser Vermittler von Himmel und Erde.

Die eigene Medialität zu erfahren und zu fördern ist kann auch ein Heilungsaspekt von Trauer sein; es geht hierbei immer um die innere Einkehr in die Stille, um so die Tiefe unseres Seins zu erfassen und zu erkennen. Möglich ist die Schulung der eigenen Medialität über die Sensibilisierung der eigenen Sensitivität: Lausche deinen Gedanken, erfahre dich selbst, erkenne mehr und mehr, was dich ausmacht und entwickle Verständnis für dich und deine Bedürfnisse.

Möglich ist dies über eine solch gezielte Wahrnehmungsschulung, die dazu anleitet, die eigenen Emotionen zu entschlüsseln und ihnen Ausdruck zu verleihen. Letztlich trägt das Kennenlernen der eigenen Medialität dazu bei, ein Stück Himmel auf Erden zu erfahren. Unsere innere Stimme kann sich so Raum verschaffen, und in unserer Bereitschaft, dieser Stimme zu lauschen, erfahren wir tiefen Frieden und Ruhe. So kann sich in dem Erleben der eigenen Sensibilität Medialität entfalten. Auch das kann und darf Trauerarbeit sein, denn Trauer zu bearbeiten bedeutet auch immer, sich selbst in der Tiefe zu begegnen. Es sind auch oft Träume, die uns Menschen einen Einblick in die jenseitige Welt geben.

Vor einigen Jahren träumte ich einen wunderschönen Traum vom Himmel, der sich zugleich so nah und doch so fern anfühlte: ›In jenem Traum warst du, Olaf, bei mir. Sehen konnte ich dich nicht, aber fühlen – es war so schön und zugleich so schmerzhaft, in dem Bewusstsein, dass wir im gleichen Moment durch den Tod getrennt und doch irgendwie immer zusammen sind. Ich stand in einem Zimmer und das Einzige, was in diesem Zimmer wichtig war, war das darin befindliche Bett – ein Einzelbett. Das Zimmer verfügte über viele Fenster und eine Dachluke, die einen direkten Blick in den Himmel gewährte. Du führtest mich zu jenem kleinen Fenster im Dach und ich schaute mit großem Erstaunen hindurch, geradewegs in den Himmel. Diese Luke war eine Art Tor, eine Pforte, die mir den Zutritt zum Himmel ermöglichte. Von hier aus hatte ich einen unglaublich weiten Ausblick. Meiner Sehnsucht folgend, führtest du mich durch diese Pforte in den Himmel. Jeglicher Schwerkraft trotzend konnte ich dir folgen – ganz leicht und unbeschwert, einfach so. Wir bewegten uns schnell, leicht, fliegenderweise fort. Wir überquerten Berggipfel, die eine Weite in sich trugen, die ich hier aus der irdischen Welt nicht kenne. In jedem Augenblick war ich mir der unglaublichen Schönheit der Umgebung bewusst: Der Himmel erstrahlte in einem tiefen Blau, die Sonne schien, und ich fühlte weder Kälte noch Hitze – alles war so, wie es idealerweise sein soll. Mein Herz war voll Liebe und zugleich voll Trauer und Schmerz, da mir immer wieder bewusst wurde, dass dieser Moment des Beisammenseins begrenzt war und auch sein musste, weil ich ins »wirkliche« Leben zurückmusste. Was ich fühlte, war eine große Sehnsucht und das Gefühl, dass dieser Ort, an den du mich führtest, meine eigentliche Heimat ist. Dort, wo du jetzt bist, sind alle Grenzen aufgehoben, fernab von Raum und Zeit, so leicht, so hell, so wunderschön.‹

Der Himmel, die Ebene, von der ich hier schreibe, beinhaltet wiederum viele weitere Welten und Kosmen von einer unvorstellbaren Größe. Die Welt, die wir eines Tages betreten werden, ist vergleichbar mit unserer – nur ist dort alles schöner, strahlender, intensiver und heller. Es gibt dort Natur, wie wir sie kennen. Es gibt dort Berge und Flüsse, wie wir sie kennen. Es gibt dort Wälder, eine atemberaubende Fauna und glitzernde Ozeane – und doch ist das Jenseits eine Utopie, die über unsere Vorstellung hinausgeht. Lediglich unser Überbewusstsein vermag zu ahnen, wie wundervoll das Leben dort ist – in absoluter Harmonie mit uns selbst, dem wahren Selbst.

Der Begriff des Überbewusstseins stammt aus der Yogalehre und meint die Erfahrung der Einheit mit Gott, die sich vor allem durch inneren Frieden und Ruhe zeigt. Es geht um die Erfahrung der Transzendenz und die Öffnung unseres Geistes für diesen Zustand. Oft schreibe ich ja auch von dem Training des eigenen Geistes, was durch viele Techniken umgesetzt werden kann, eine Technik davon ist Yoga, eine weitere ist natürlich die regelmäßige Ausübung von Meditationen, Autogenem Training, etc.

Alles ist durchtränkt von Harmonie und Zauber. Es gibt dort Wesen, die wir als Fabelwesen bezeichnen würden, und es gibt dort auch Schulen, in denen wir unser Wissen und unsere Persönlichkeit weiterentwickeln – es ist eine traumhafte Welt, eine Herzenswelt.

Und wenn du dich nun fragst, weshalb wir dann überhaupt die materielle Welt brauchen, wenn dort alles so schön und leicht ist, so gibt es darauf eine klare und logische Antwort: Wir alle sind hier auf der Erde, weil sie die beste aller Schulen für unser Wachstum und unsere Seelenentwicklung ist.

Ich selbst habe den Himmel erfahren in Momenten tiefster Trauer, geprägt von einer tiefsitzenden Angst vor dem Leben. Die Botschaft, die für mich selbst eine Schlüsselbotschaft in meinem Trauerprozess war, war die Erfahrung, dass es ein Leben nach dem Tod wirklich gibt. In der Begegnung mit meiner medialen Herzenslehrerin durfte ich wirklich erfahren, dass all die Zeichen, die ich erhielt, keine »Spinnerei« waren, sondern dass mir mein Mann immer und immer zu verstehen gab: »Ich bin nicht weg, ich bin ›nur‹ einen Schritt weiter.« Diese innere Gewissheit über seinen Verbleib schenkte mir Trost und Hoffnung. Hoffnung, dass das Leben auch wieder schön werden könnte und einen tieferen Sinn hat. Jene Hoffnung war ein kleiner Lichtstrahl, der die Kraft hatte, ein Feuer in mir zu entfachen. Bildlich gesehen schien ein heller Lichtstrahl aus dem Himmel und ließ mich erkennen, dass hinter der dicht verhangenen Wolkendecke der Himmel auch wieder für mich strahlen kann. Auch das ist eine himmlische Erfahrung auf Erden. Hoffnung war demnach für mich der Beginn eines neuen Lebens, denn sie schenkte mir die Kraft weiterzumachen. Es war meine himmlische Botschaft, dass der Himmel stets an unserer Seite ist, wenn wir bereit sind, mit anderen Augen auf unser Leben und unsere Erfragungen zu blicken.

»Im Haus meines Vaters sind viele Wohnungen«

In der geistigen Welt geht es um das bewusste Sein, um die eigene geistige Entwicklung und Weiterentwicklung. So befinden sich in dieser Ebene auch viele unterschiedliche Ebenen, die gekennzeichnet sind durch unterschiedliche Bewusstseinsstufen. So sagte Jesus zu seinen Jüngern: »In meines Vaters Haus sind viele Wohnungen« (Joh 14,1). Wenn ich an dieser Stelle die Bibel zitiere, möchte ich damit ausschließlich auf Jesu wunderbare Lehre hinweisen. Aus spiritueller Sicht war Jesus ein großer Meister, der in den Himmel aufgestiegen ist. Es ist die Wahrheit seiner Worte, die mich immer wieder berührt und nicht das, was Menschen aus dieser Wahrheit gemacht haben. In den geistigen Ebenen zählt genau diese Wahrheit und die Weisheit, nach der jedes Wesen strebt. Und hier wie dort gibt es unterschiedliche Bewusstseinsstufen. Um es etwas deutlicher zu beschreiben: Ein Grundschulkind kann mit den Lehren einer Universität nicht viel anfangen. Es muss erst grundlegende Ausbildungsstufen durchlaufen, um später tieferes, universitäres Wissen aufnehmen zu können. Wohingegen ein Universitätsprofessor sich so ausdrücken kann, dass ihn ein Grundschulkind versteht, wenn er sich auf das gleiche sprachliche Niveau begibt.

Blicken wir auf die Ordnung im Himmel, steht am höchster Stelle über allem Gott.[4] Gleich danach folgen die Erzengel. Haben diese nun eine Botschaft an uns Menschen, muss das Niveau dieser Ebene entsprechend heruntergebrochen werden, damit wir die Botschaft überhaupt verstehen, fühlen und erkennen können. Über Kanäle, die uns zur Verfügung stehen, findet diese Übermittlung in unserer Intuition ihren Ausdruck, in unserer inneren Stimme, in unseren Gedanken, Vorstellungen, Träumen, Meditationen, etc. Ein Medium macht in diesem Sinne nichts anderes, als die Botschaft zu entschlüsseln und zu übersetzen. Denn seine Kanäle sind offen für diese höhere Schwingung.

Neben der Ebene der Erzengel gibt es nach unter hin natürlich weitere Ebenen: Die der unzähligen anderen Engel, dann die der aufgestiegenen Meister und dieser folgen die unterschiedlichen Ebenen der Verstorbenen. In einer sogenannten Grauzone finden sich Menschen, die in ihrem Leben von Macht, Missgunst, Neid, Brutalität, Grausamkeit und Hass geleitet und geführt wurden. Ihre Seelen inkarnieren sehr oft direkt wieder, um ihre Missetaten wiedergutzumachen. Eine Art Fegefeuer gibt es in der Welt, die ich zu sehen bekommen habe, nicht.[5] Wir selbst richten uns und bestimmen die Ebene, in die wir gehen werden: Es fallen alle Hüllen, wenn

4 Rudolf Steiner: Grundelemente der Esoterik, GA 93a (1976), S. 97f., Berlin, 8. Oktober 1905; Hans-Werner Schroeder: Mensch und Engel. Die Wirklichkeit der Hierarchien, Fischer TB, Frankfurt a.M. 1982, S. 151.

5 Rudolf Steiner: Grundelemente der Esoterik: Notizen von einem esoterischen Lehrgang in Form von einunddreissig Vorträgen, Berlin 1905 (Rudolf Steiner Gesamtausgabe: Schriften und Vorträge) Gebundene Ausgabe - 11. April 2014.

wir sterben und wieder hinübergehen. Neid, Eitelkeit, Hass, Schmerz und Krankheiten gehen, statt ihrer steht ein ungetrübtes Urteil an. Ein Urteil, das wir über uns selbst aussprechen und auch wirken lassen. Bei all dieser Erklärung werde ich in meinen Beratungen immer wieder gefragt, weshalb wir denn überhaupt leben. Weshalb das alles einen Sinn macht, und wie wir das Leben betrachten können und dürfen. Genau zu dieser Frage durfte ich eine Botschaft empfangen – eine Botschaft über Verbundenheit, Freude und Liebe:

Botschaft über Verbundenheit, Freude und Liebe

Fühle meine Verbundenheit, fühle meine nie endende Liebe, fühle das die Trauer Produkt jener Liebe ist, die uns immer verbinden wird. Ich bin gegangen und auch hier auf dieser Ebene geht mein Weg weiter. Ich sehe dich, ich höre deine Klagen, sieh deinen Kummer und erblicke die Verstrickungen, in die du dich täglich begibst. Mein größter Wunsch ist der, dass du lebst und wieder Freude in dir entdeckst, auch Freude über das Leben.

Ich bin den anderen Weg gegangen und auch hier geht meine Entwicklung weiter. Ich habe gesehen, was ich im Leben versäumt habe zu tun, was ich hätte noch machen können und in welcher Verblendung ich so manche Tage gelebt habe. Auch hier gibt es Schulen, Schulen, in denen kein Wissen im klassischen Sinn vermittelt wird, sondern die Lehre über das Sein, über unseren göttlichen Ursprung. Ich habe nun gelernt und angenommen, dass ich Teil eines großen Ganzen bin und als Teil jener Gemeinschaft einen Auftrag habe. Es geht immer darum, die Wahrheit und Weisheit in sich zu erfahren und zu leben. Das, was ich auf Erden versäumt habe, wird mir hier nun vor Augen geführt, und ich bin mir nun bewusst darüber, dass ich diese Themen wieder ins nächste Leben mitnehmen werde. Wir sind frei und wir haben stets die Wahl, uns für den richtigen Weg zu entscheiden - jenen Weg, der der Weg unseres Herzens ist oder uns von unserem Verstand führen zu lassen.

Erteile der Arroganz in dir eine Abfuhr, die dir vorgaukelt, alles zu wissen. Ich sage dir: Wir wissen gar nichts. Unsere Verbundenheit zum Göttlichen wird uns allein durch unser Herz offenbart. Unser Leben auf Erden entspringt der Gnade Gottes, uns den Wunsch nach Individualität und Freiheit leben zu lassen.

Ich bin nun hier und du bist dort, das war so vorgesehen und ich bewundere dich für deinen Mut, deine Tapferkeit und auch deinen Tatendrang, die dunklen Seiten des Lebens aktiv zu betrachten, um daraus die Erkenntnisse zu ziehen, die es braucht, um die wahre Schönheit des Lichts anzuerkennen. Höre auf meine Worte, fühle deren Bedeutung und versuche nicht, alles mit dem Verstand zu begreifen. Dein Verstand ist wichtig und hat seine Berechtigung, doch lass dich nicht von seiner vermeintlichen Allwissenheit blenden. Prüfe immer aus der Kraft deines Herzens, ob das, was du meinst, auch wirklich das ist, was du brauchst und willst. Produkt eines fehlenden Vertrauens ins Leben ist unsere Angst, die aus dem Bedürfnis nach Sicherheit und Kontrolle entspringt und uns letztlich immer weiter von unserem wahren Inneren entfernt. Sie verführt dich, frohlockt über Perfektionismus und ständigen Druck, der im Zustand völligen Ausgebrannt-Seins endet.

Dieses Ausgebrannt-Sein ist ein Ergebnis jener Verhaltensweise, die immer und immer wieder deiner eigentlichen Bestimmung wider-

spricht und zuwiderhandelt. Das Licht in dir erlischt langsam, aber sicher und völlige Dunkelheit umgibt dich, wenn du es nicht schaffst, jene Balance in dir herzustellen, die sowohl den Verstand als auch dein Herz in Einklang bringt. An den Reaktionen deines Körpers kannst du ablesen, inwieweit du jene Harmonie in dir hergestellt hast. Die harmonische Verbindung beider Teile bedeutet Ruhe, Gelassenheit, Geborgenheit, Aufgefangen-Sein und Verbindung. Die disharmonische Verbindung bedeutet Krankheit, Depression, Unruhe und Unsicherheit auf und in allen Ebenen. Lerne, diesen Unterschied wahrzunehmen, und du lernst eine der wichtigsten Lektionen im Leben. Das ist Klarheit, und Klarheit ist die Sprache des Herzens, die immer Wahrheit und Weisheit ausspricht.

Diese und ähnliche Botschaften überbringen Verstorbene ihren Lieben in meinen Sitzungen immer wieder. Es ist die ganz klare Botschaft an ihre Lieben: Lebe dein Leben, nutz deine Talente, nutz die kostbare Zeit auf Erden, um deine Wachstumsschritte zu gehen – nichts ist vergeblich, jede Erfahrung hat einen Sinn!

Zeichen des Himmels

Ich erinnere mich in diesem Zusammenhang gerne an die Worte der berühmten Sterbeforscherin Elisabeth Kübler-Ross (1926-2004). Sie sagte, dass ein Leben nach dem Tod nicht nur ein Glaube sei, sie habe das in vielen Studien verifiziert. Zudem stünde es jedem Menschen frei, den Beweis zu erhalten; einzig unsere Angst hielt uns davon ab, den Beweis einzufordern und nach ihm zu suchen.

Unsere lieben Verstorbenen wünschen sich nichts mehr, als dass ihre Lieben wissen, dass sie nicht einfach weg sind, sondern dass sie »nur« eine Ebene weiter sind. In meinen Beratungen begegnet mir sehr häufig das Phänomen, dass genau jene Verstorbenen, die ein Leben nach dem Tod immer vehement verneint haben, diejenigen sind, die nun unbedingt beweisen wollen, dass sie noch da sind.

Oft reicht schon ein kleines Licht, um unsere Aufmerksamkeit auf das zu lenken, was wirklich wichtig und von Bedeutung ist. Doch was ist wirklich wichtig und von Bedeutung? Im Angesicht des Todes eines geliebten Menschen und der großen Trauer, die in uns hochkommt, werden wir alle auf das Wesentliche reduziert. Denn was ist dann noch wirklich wichtig und von Bedeutung? Für mich waren und sind es immer wieder die kleinen Zeichen des Himmels, die wirklich wichtig sind und eine große Bedeutung haben, wenn wir nur bereit sind, sie als solche zu deuten und ihre Botschaft zu erkennen: Sie sind ein Zeichen der Liebe und der Verbundenheit, um zu sagen: »Hallo, ich bin nicht weg – ich bin da und bei euch!« Diese Art Zeichen haben mir nach dem plötzlichen Tod meines Mannes immer wieder geholfen, nicht zu verzweifeln, weiterzumachen und etwas Ruhe und Frieden zu finden.

Ich bin jedes Mal aufs Neue tief berührt, wenn mir solche Zeichen begegnen – Beweise für ein Weiterleben, für eine Existenz in einer anderen Dimension. Durch Liebe und Verbundenheit ist alles möglich, auch der Kontakt zu unseren lieben Verstorbenen. Die Öffnung, so zu denken, öffnet auch die Tür zu deinem Inneren, die in die Welt der Verstorbenen führt. Sie warten nur darauf, dass du bereit bist, zu hören und anzunehmen. Unser rationaler Verstand versperrt uns häufig den Zugang zu dieser Tür. Er lässt uns zweifeln, hadern und verzweifeln. Gleichzeitig, das habe ich in meiner Arbeit immer wieder feststellen dürfen, wünschen sich die, die schon vor uns gegangen sind, aus tiefstem Herzen, dass wir leben und uns nicht von dem Kummer beherrschen lassen, den wir aufgrund ihres Todes verspüren. Sie wünschen sich von Herzen, dass wir unsere Lernaufgaben annehmen, weitermachen und ihren Tod auch wirklich verarbeiten. Dazu folgender Dialog:

»Und ich frage mich, wie soll das gehen? Wie soll ich überhaupt weiterleben? Ohne Richtung und ohne Ziel, denn das warst stets du!«

»Und auch jetzt höre ich dich, auch wenn du nicht so da bist, wie wir es kannten, und du sagst zu mir: ›Lebe, lebe für mich.‹ Ich werde stets für dich da sein, nur in einer anderen Form. Du bist dort und ich bin hier, wohin du mir eines Tages folgen wirst. Doch JETZT geht es darum, dass du wieder lernst zu leben, und dir dies auch erlaubst und zugestehst! Ich wünsche mir von Herzen, dass du das Leben wieder annimmst und alles entgegennimmst, was dir begegnet. Wisse, spüre

und fühle - ich bin stets für dich da, wenn du mich rufst - ich sehe und höre dich, und ich nehme alles wahr, was dir begegnet, weil wir IMMER durch die Liebe verbunden sein werden.«

Trauer als Erfahrung verarbeiten und das Herz für Begegnungen öffnen

Die Trauer dient uns zur Weiterentwicklung: Wir müssen lernen, mit dem Verlust klarzukommen und unseren Alltag neu zu gestalten. Gerade dann sind die Botschaften der Verstorbenen sehr tröstlich. Sie zeigen, dass uns ein unsichtbares Band mit der Welt der Verstorbenen verbindet. Es ist das Band der Liebe, das niemals reißt. In meiner Arbeit mit trauernden Menschen wie auch in meinem eigenen Trauerprozess konnte ich dieses Phänomen immer wieder beobachten. Denn das, was wir alle können und was uns allen möglich ist, ist, die Grenze zwischen dem Sichtbaren und dem Nicht-Sichtbaren durch die Liebe, die uns alle verbindet, zu durchschreiten. Ich durchschreite sehr häufig diese Grenze, begegne der Ebene der Verstorbenen, habe Kontakt mit ihnen und sende ihre Liebe ins Irdische. Die Skepsis und Infragestellung dieser Kontaktmöglichkeiten erschwert es jenen, die schon gegangen sind, ihre Liebe zu senden. Oft erlebe ich in Sitzungen, wie vielfältig die Beweise sind und wie Hinterbliebene sie dennoch infrage stellen – dieses Wunder und diese Gnade. Gleichzeitig weiß ich aus tiefstem Herzen, wie schwer diese Annahme ist, dass es ein Leben nach dem Tod gibt und dass wir über unsere Liebe in Kontakt mit der jenseitigen Welt treten können.

Unsere Liebe verbindet. Sie eint uns und heilt unsere Wunden. Das gilt nicht nur für die Lektionen, die uns die Trauer und das Leben lehren, sondern eben auch in der Kommunikation mit dem Jenseits, mit unseren lieben Verstorbenen. Gerade an Festtagen kann es sein, dass uns der Schmerz über den Verlust eines lieben Menschen umso bewusster wird. Weil schöne Erinnerungen hochgespült werden, die sich in Sehnsucht und Verlangen äußern, den anderen zu sehen, zu sprechen, zu fühlen. Wie im normalen Leben auch, wenn wir an jemanden denken und der dann plötzlich anruft, als wäre es Gedankenübertragung, funktioniert das Prinzip auch mit den Verstorbenen. Daher: Ladet sie gedanklich zu euren Festen ein, heißt sie herzlich willkommen und redet von gemeinsamen Geschichten, Erlebnissen, Traditionen. Lacht, weint und tauscht euch aus, über die Ebene der Gefühle kann so Nähe entstehen und ihr könnt fühlen, dass sie da sind. Das kann geistig stattfinden, aber auch, indem ihr selbst um ein Zeichen bittet. Etwa indem ihr aus der Ruhe heraus in einer ganz klaren und eindeutigen Form darum bittet. Ich verspreche dir, es funktioniert! Probiere es aus! Öffne deine Augen für das scheinbar Unmögliche und sage deinem Geist: »Nein, ich spinne nicht. Das alles ist wirklich möglich.« Lass deine Zweifel hinter dir und öffne dein Herz für die Weite des Seins.

Beispiele für Begegnungen mit der geistigen Welt

Vielleicht klingt es für dich zu abstrakt, wenn ich über ›Begegnungen mit der geistigen Welt‹ spreche. Aus diesem Grund möchte ich dir hier ein paar vorstellen.

In einer Beratung einer trauernden Mutter erhielt ich zum Beispiel das geistige Bild eines kleinen grünen Froschs. Innerlich führte ich einen Dialog mit mir, da ich die Erwähnung desselben als unpassend empfand. Weiter dachte ich, der Frosch sei bestimmt ein Kuscheltier des kleinen verstorbenen Jungen. Schließlich fragte ich die Mutter, ob sie etwas mit einem kleinen grünen Frosch anfangen könne. Kurze Zeit später schickte sie mir ein Foto vom Grab ihres Sohns. Auf diesem befand sich ein kleiner grüner Frosch. Mit dieser Nachricht wollte der Junge seiner Mama unbedingt durchgeben, dass er noch da sei und weiterlebe.

Bei einer anderen energetischen Arbeit mit einer Klientin bekam ich das Bild einer Ohrfeige übermittelt und hörte das Wort »Watschn«. Darüber hinaus wurde mir ein goldenes Medaillon gezeigt, das man aufklappen konnte und in dem sich das Foto eines Familienmitglieds befand. Ich fragte meine Klientin, ob ihr ihre Mutter jemals eine Ohrfeige gegeben habe, und ob sie ein goldenes Medaillon kenne. Die Antwort war recht eindeutig. Sie meinte, sie sei nie geschlagen worden und ein goldenes Medaillon hätte sie zur Kommunion geschenkt bekommen. Darin war ein Foto ihres verstorbenen Vaters.

Ich erwiderte, dass diese Ohrfeige auch für eine innerliche Verletzung stehen könnte, und ich das Wort »Watschn« gehört habe. Am Abend bekam ich eine sehr gefühlvolle Antwort. In dieser erklärte mir meine Klientin ausführlich, dass in ihrer Familie das Wort »Watschn« immer als Synonym für innere Verletzung verwendet wurde.

Ein anderes Beispiel ist die Begegnung einer Klientin mit ihrem Mann und ihrer Oma. Beide waren kürzlich verstorben. In einer tiefen Meditationsarbeit suchten uns ihr Mann, ihr Opa und ihre Oma auf. Ihr Mann zeigte mir einige Bilder, Bilder aus vergangenen Tagen und entschuldigte sich bei ihr. Er sagte, er könne jetzt, auf dieser Ebene so vieles anders sehen und bitte sie um Verzeihung. Letztlich hatte er aufgrund seiner Spielsucht sehr viel Geld durchgebracht und sie mit vielen Problemen zurückgelassen. In der gleichen Sitzung bekam ich das Bild einer Kette, einer Art Korallenkette in rosa; es wurde mir gezeigt, dass die Kette meine Klientin beschützen würde. Als ich sie danach fragte, musste sie länger überlegen und schickte mir schließlich ein Foto von exakt dieser Kette. Nur, sie war fliederfarben. Die Kette war ihr Erbe, und sie berichtete mir, dass sie tatsächlich das Gefühl habe, dass diese Kette eine besondere Kraft für sie hätte. Dass letztlich die Farbe nicht genau übermittelt wurde, liegt daran, dass der Übermittlungskanal vergleichbar mit einem Radiosender auf unterschiedlichen Frequenzen arbeitet. Außerdem übermittelt die geistige Ebene ihre Botschaften in einer sehr bildhaften Sprache. So kann die Farbe der Kette auch für eine weitere Bedeutung stehen – für die Liebe, die beide verbindet.

Die Qualität solcher Botschaften hängt maßgeblich mit der Bereitschaft und der Liebe des Menschen zusammen, der sich einen Jenseits-Kontakt wünscht. Wer bereit ist, ohne Erwartungen zu empfangen, wird für diese Haltung belohnt. Denn es funktioniert nicht auf Knopfdruck und schon gar nicht durch einen festen Willen, sondern beruht auf der Öffnung unseres Herzens. Ähnlich wie Jesus meint: »Darum sage ich euch: Alles, worum ihr betet und bittet – glaubt nur, dass ihr es schon erhalten habt, dann wird es euch zuteil« (Mk 11,24). Es geht um die innere Haltung. Nämlich dem Geistigen mit Demut, Dankbarkeit und mit einem offenem Herzen zu begegnen.

Ich erinnere mich in diesem Zusammenhang auch gerne an ein Treffen mit meiner eigenen Oma, die mir nach ihrem Tod begegnete. Wir saßen dabei auf einem wunderschönen Berggipfel mit einem einzigartigen Panorama und einem gigantischen Ausblick auf weitere Berge. Die Sonne schien, alles um uns herum war friedlich und still, und ich konnte ihre Nähe und sie selbst sehr deutlich wahrnehmen. Noch heute höre ich ihren kölschen Singsang in meinen Ohren, als sie sagte: »Kind, ich habe dir ja nie geglaubt, dass es hier so schön ist.«

Vielleicht gibt dir das und auch die vorhergehenden Erzählungen in diesem Buch ein Stück weit mehr Sicherheit, dass es den lieben Verstorbenen gutgeht und du nach wie vor mit ihnen durch das Band der Liebe, das euch immer verbinden wird, in Kontakt treten kannst und stehst. Gleichzeitig gilt es, den Blick auf das Jetzt und das Diesseits zu richten!

Die Kostbarkeit des Diesseits erkennen

Gerade durch die Erfahrung des Verlusts wirst du zu Beginn deines Trauerprozesses ganz besonders schmerzvoll erkennen und erkannt haben, wie kostbar und wie zerbrechlich das Leben ist. Und auch wenn es die Verbindung mit dem Diesseits gibt und ich eingangs in diesem Kapitel von unserer eigentlichen Heimat schreibe, weil dort die Harmonie und der Frieden herrschen, die wir immer suchen und die die Grundlage unseres Seelenheils, aber auch die von Geistesblitzen, von Intuition und Weisheit sind, so wünsche ich mir und appelliere abermals an dich: Lebe, lebe in vollen Zügen, lehne dich nicht gegen den Widerstand auf, der dir begegnet. Gehe mit ihm, damit du nicht zerbrechen wirst an den Anforderungen, die an dich gestellt werden in diesem Leben. Du wurdest perfekt ausgestattet – ausgestattet, um alles zu überstehen, was auf dich zukommt. Es war und ist deine freie Wahl, deinen Pfad des Lebens zu wählen. Lerne dein Schiff lenken, lerne dich kennen und lerne, die Ausstattung zu nutzen, wie sie perfekt zu nutzen ist. So kannst du mit dir und allem in dir und um dich herum in einer Einheit leben.

Gedankenreise

Anfang und Ende

Du stehst inmitten eines Weizenfeldes, ein lauwarmer Wind weht, umgibt und wärmt dich zugleich. Die Sonne strahlt in einem zarten Abendrot und taucht das Feld in wundervolle goldgelbe Farben. Die Weizenhalme bewegen sich im Takt des Windes und erwecken den Eindruck von Harmonie und Ausgeglichenheit. Du breitest deine Arme aus, wirfst deinen Kopf in den Nacken und schaust ganz intensiv in den Himmel – bereit zu empfangen, geöffnet und gelöst. Ein Gefühl der Freude ergreift dich. Dieses Gefühl steigt ganz langsam und behutsam in deinem Körper auf – von deinen Füßen über die Beine, hoch zu deinem Becken, weiter in den Solarplexus und in deine Arme, bis hin zu deinem Herzen, deinen Schultern, deinem Hals und schließlich in deinem Kopf ankommend.

Dieses gute Gefühl erweckt in dir Fragen, die ich dir nun stellen möchte: »Bist du bereit, den wahren Kern der Freiheit kennenzulernen? Bist du bereit, die dahinterstehende Wahrheit anzunehmen, die zugleich bedeutet, Verantwortung für dein Leben zu übernehmen? Bist du bereit, den Weg, der dich zur Erkenntnis führt, anzunehmen? Wenn du für dich diese Fragen mit einem klaren Ja beantworten kannst, so folge mir. Und wenn du dich nun fragst, wer oder was ich bin? So lausche und höre, denn ich bin dein Licht, ich bin der Teil in dir, der stets das Gute im Sinn hat. Und ich freue mich, dass du mich jetzt in diesem Augenblick hörst, denn ich leite dich zu dir selbst, in der Annahme aller Anteile, was nur durch eine Beleuchtung der dunklen Anteile in dir möglich ist. Ich bin Licht, ich bin Liebe, ich bin du. Folge mir und du wirst ein Stück Wahrheit empfangen.«

Mit diesen letzten Worten strömt ein gleißend helles, sternförmiges Licht vom Himmel, das auf direktem Wege zu dir ist. Du wirst von diesem Licht erfüllt und durchflutet. Jeder Atemzug, den du nimmst, ist bereichert von diesem himmlischen Licht. Wie ein Wunder tut sich vor dir ein Fluss auf, auf dem ein kleines Boot auf dich zu warten scheint. Du schreitest ganz behutsam auf das Boot zu, steigst ein und stößt dich vom Ufer ab. Die Paddel tauchst du rhythmisch ins Wasser und erzeugst mit dem Durchdringen der Wasseroberfläche ein sanftes Plätschern, das sich zu einer sanften Melodie emporhebt, die deinen Geist beflügelt und dich in eine tiefere Ebene hebt. Sanft, ganz sanft hörst du eine Melodie, die weitab von allem Weltlichen erklingt. Es ist alles voll Frieden und Harmonie. Bekräftigt wird dieses Gefühl in dir durch die Anpassung deines Atems an den Rhythmus der Paddelschläge - ein und aus, ein und aus, ein und aus …

Mit einem Mal siehst du, dass das Licht, das dir zuteilwurde, ein Teil von dir ist. Deine Haut glitzert und schimmert, von hellen Kristallen besetzt, die die Farbe des gleißend hellen Lichtes widerspiegeln. Du erkennst, wie wundervoll und wunderschön du bist. In dir macht sich eine tiefe Liebe und Zuneigung breit. Sie ergreift und erfasst dich, öffnet dein Herz, das zugleich ein wenig schmerzt, aber auch schön ist. Dieser Moment öffnet dich für eine andere Sichtweise auf deine Umgebung. So erblickst du vor dir eine Art Tunnel, der den Fluss umspannt. Er ist gemacht aus einem blauem Wolkengespann, das sich tunnelförmig über den Fluss wölbt. Aus dem Wolkengemisch fallen blaue Strahlen glitzernd auf das Wasser. Überall funkelt und glitzert es, es ist wie in einer blauen Kristallhöhle. Das Ende des Tunnels ist noch nicht sichtbar. Dein Boot bringt dich ganz behutsam und ruhig durch diesen besonderen Tunnel, nicht von Menschenhand gemacht, mit nichts vergleichbar, mit dem, was sich auf der Erde befindet. Stück für Stück erfassen dich hier die blauen Strahlen, die aus allen Ebenen des Tunnels herabstrahlen. Diese Strahlen bereiten dich auf das vor, was am Ende des Tunnels auf dich wartet. Stück für Stück schreitest du weiter voran, bis du das Ende dieses Tunnels erblickst: Weißes, dich komplett blendendes Licht kommt dir entgegen. Es wird so hell, so unglaublich hell - noch nie hast du bewusst so ein Licht wahrgenommen. Deine Augen gewöhnen sich langsam an diese Art Licht und du führst voll Vertrauen weitere Paddelschläge aus, um die Quelle der Helligkeit zu erblicken. Am Ende des Tunnels erkennst du, dass der Fluss hier plötzlich und abrupt versiegt. Er scheint unterirdisch fortzulaufen, doch deine Bootsfahrt ist hier erst einmal zu Ende.

Völlig benommen von dem hellen, dich umgebenden Licht, steigst du aus und siehst, dass alles um dich herum nur weiß ist. Es gibt keine Konturen, keine Abgrenzungen, kein richtiges Oben und Unten. Alles schaut ebenmäßig aus, in eine nie dagewesene Helligkeit getaucht. Um dich herum glitzern und funkeln zudem Kristalle, die aus einer anderen Dimension zu kommen scheinen. Unversehens tauchen vor dir zwei Gestalten auf, deren Gesicht du weder erblicken, noch richtig wahrnehmen kannst. Sie fassen sich an den Händen und kommen ganz gezielt auf dich zu. Demut erfasst dich, du kniest nieder und bist bereit zu empfangen; denn dir wird bewusst, dass dir nun deine Fragen beantwortet werden, nach deren Antwort du dich schon lange gesehnt hast. Du spürst die Blicke der beiden auf dich gerichtet und in einer stillen Kommunikation nimmst du folgende Worte wahr:

»Wir beide gehören zusammen und nur durch diese Zusammengehörigkeit ermöglichen wir Leben und Erkenntnis. Nur in der Annahme unserer Zusammengehörigkeit offenbart sich wahre Freiheit; denn es bedeutet, das Leben anzunehmen, wie es ist und es mit allen Zügen und vollem Bewusstsein zu leben. Wir sind Anfang und Ende, Geburt und Tod, Licht und Schatten. Das Licht führt dich, der Schatten lehrt dich und durch diese Begrenzung, die wahre Dualität, kannst du deine Schritte gehen, die zu wahrer Freiheit führen. Diese Freiheit kann nur durch die Annahme der Verantwortung für dich selbst erlangt werden. Erst wenn du bereit bist anzunehmen, dass dein Leben auf Erden endlich ist und dass sich genau in dieser Endlichkeit die Kostbarkeit der Zeit zeigt, kannst du deine Schritte gehen, die zur wahrer Freiheit führen. Deine Schritte zu gehen bedeutet, den eigenen Schatten zu beleuchten und anzunehmen, was im Licht gewandelt werden darf. Erkenne auch die Güte, die letztlich im Tod liegt; denn er bedeutet, dass du nach Hause darfst, zur Einheit, in der diese Dualität keine Rolle mehr spielt. So hat alles zu seiner Zeit seine Berechtigung; dies anzunehmen bedeutet, ein bewusstes Leben zu führen - lebe, liebe, lasse los und werde. Und auch wenn diese Worte nicht in deinen Kopf fließen wollen, so wisse, dein Herz hat verstanden. Gehe nun in deine Wirklichkeit zurück und lebe dein Leben in vollen Zügen. Genieße und befreie dich von allem, was dich davon abhält.«

Die Worte erfassen und ergreifen dich tief, ganz tief. Zugleich wird dir bewusst, dass der Schatz und die Kostbarkeit des Erdenlebens genau in ihrer zeitlichen Begrenzung liegt. Du bittest still um die Rückkehr in deine Wirklichkeit, um das zu leben, was dich soeben gelehrt und dir zuteilwurde. Diese Bitte erhebt dich, trägt dich fort in einer nie dagewesenen Leichtigkeit und bringt dich an den Beginn deiner Reise zurück, zum Anfang. Du stehst nun wieder in dem Weizenfeld, atmest, spürst in dich und nimmst wahr, dass es nun an der Zeit ist, wirklich zu leben.

Unter diesem QR-Code kann die Gedankenreise angehört werden. Such dir dazu auf der Internetseite die Gedankenreise »Anfang und Ende« aus.
https://come-back-life.de/gedankenreisen/

»Es ist nun an der Zeit, wirklich zu leben«, sind die letzten Worte dieser Gedankenreise, darum lass das Vergangene nun hinter dir und nutze die Kostbarkeit deines Lebens hier im Jetzt, auf der Erde!

Meine Gedanken

Kapitel 5

Lass das Vergangene hinter dir und nutze die Kostbarkeit deines Lebens

Wie du bereits gelesen hast, habe ich mich neu in meinem Leben gefunden, lebe meine Bedürfnisse und habe meine Selbstliebe entdeckt. Daneben weiß ich heute das Leben ganz anders zu schätzen. Der Tod meines Mannes ließ mich erkennen, welche Kostbarkeit durch seine Endlichkeit in jedem einzelnen Augenblick liegt. Dennoch ist das Vergangene für mich ein großer Gegenspieler, das mir mit Fragen nach dem Warum zum Teil sehr vehement und unnachgiebig zusetzen kann. Vielleicht kennst auch du diese Fragen wie:

»Warum musstest du sterben?«

»Warum ist das Schicksal so ungerecht?«

»Warum kann ich es nicht verstehen?«

»Warum macht nichts mehr einen Sinn?«

Diese Fragen sind eine ganz natürliche Reaktion auf das Unfassbare, den Tod eines geliebten Menschen. Sie kreisen und kreisen gerade zu Beginn eines solch lebenserschütternden Ereignisses wie ver-rückt in unserem Kopf – und auf sie gibt es keine Antwort. Und je mehr sie in uns kreisen, desto mehr

Verbitterung entsteht, da sie uns im Vergangenen gefangenhalten. Man blockiert sich und aufgrund der fehlenden Antworten fühlt man sich ohnmächtig. Ein echter Teufelskreis, der unweigerlich in eine Abwärtsspirale aus Frust, Trauer und destruktiven Gefühlen führt. Daher ist es so heilsam, diese Fragen zur Ruhe zu bringen. Das gelang mir, indem ich mich mit Spiritualität beschäftigt habe und mehr und mehr erkannte, dass unser irdisches Leben nur ein Übergang ist. Was hier so einfach klingt, war für mich eine echte Offenbarung. Denn damit konnte ich die Begrenzung, die unser Leben hier auf Erden darstellt, für mich überwinden. Und vor allem besteht mit diesem spirituellen Vertrauen die berechtigte Hoffnung, dass wir uns eines Tages wiedersehen werden! Und dass ich in der Zwischenzeit hier noch eine Aufgabe zu erledigen habe.

Allerdings wusste ich im Moment tiefer Trauer natürlich nicht, welche Aufgabe das sein würde. Gleichzeitig wusste ich tief in mir, dass ich irgendwann erkennen würde, welche das sein könnte. Dieser Prozess des Findens ist kein mentaler Prozess, sondern ein geistig-spiritueller und zu Beginn des Trauerprozesses geht es auch erst einmal darum, die Trauer als Gefühl zu verarbeiten. Daher übte ich mich immer wieder in Geduld. Natürlich schaffte ich das nicht immer, aber Schritt für Schritt konnte ich so mein Leben wieder zurückgewinnen. Durch das geduldige Annehmen der Situation, die Auseinandersetzung mit meinen Gefühlen und die Erkenntnis über das eigene Selbst gelang es mir, mich zunehmend auf das

Jetzt und auf meine Wünsche und Träume auszurichten. Sie sind der Weg, der dich langsam, Schritt für Schritt aus dem Tal der Tränen zurück ins Leben führt.

Der Trauernde – du – wünschst dir von Herzen, einen tieferen Sinn hinter alldem zu finden, um die Ohnmacht, das Gefesselt-Sein durch diesen großen Schmerz zu durchbrechen und wieder in deine eigene Handlungskraft zurückzufinden. Das ist eine große Sehnsucht, daher werde ich als Trauermentorin oft auch gefragt:

Wie lange dauert dieser furchtbare Zustand?

Wie lange dieser furchtbare Zustand dauert, darauf gibt es leider keine Antwort. Denn die Annahme dieser neuen Lebenssituation, die die unfreiwillige Trennung hervorgebracht hat, erfordert eins: Geduld! Und das, was ich dir immer wieder raten kann, ist, lerne dich und deine Bedürfnisse kennen; finde heraus, wer oder was du bist, um deine innere Freiheit zu finden und dich aus der Ohnmacht in die eigene Handlungsfähigkeit zu führen. Sie schenkt dir Freiheit, Frieden und Sinn. Der Weg dorthin, zu diesem neuen Leben ist kein einfacher. Aber er ist machbar und – auch wenn sich das für dich im Moment vielleicht krass anhört – die dunkelsten und schwersten Stunden deines Lebens sind zugleich deine lichtvollsten.

Wir werden geboren, um zu leben, um Erfahrungen zu sammeln und seelisch zu wachsen. Dann leben wir und beschweren uns über genau diese Erfahrungen, die wir sammeln, weil wir vergessen haben, weshalb wir überhaupt leben. Und über dieses Beschweren vergessen wir, zu leben und zu wachsen. Schließlich liegt der Sinn unseres Lebens darin, die Einheit von Körper, Geist und Seele zu finden. Eine Verbindung zu unserem höheren Selbst dient uns, immer wieder das Bewusstsein dafür in uns wachzurütteln, damit wir uns auf das ausrichten, was wirklich wichtig ist: unser Leben und das Leben offen und ehrlich zu betrachten und die Lernschritte zu gehen, die es bereithält, damit wir unserem größten Wunsch Folge leisten können – dem Wachstum unserer Seele.

Warum ist mir das passiert?

Vielfach martert die Frage »Warum ist mir das passiert?« meine Klientinnen und Klienten. Die Antwort darauf ist – wie bereits erwähnt – Wachstum. Gleichzeitig tun sich viele Menschen damit schwer, weil es ihnen zu komplex erscheint. Ich erkläre es dann gern mit dem sogenannten »Seelenplan« und welche Bedeutung der Tod darin hat. An dieser Stelle möchte ich eine Tür öffnen, eine Tür, die in der Annahme unserer eigenen Unsterblichkeit liegt. In der Praxis begegnet mir häufig eine Haltung, die nur auf das jetzige Leben beschränkt sei, und damit klar begründet wird, dass das Leben unfair sei. Mit dem Argument: »Ich habe doch alles getan, ich war immer ein guter Mensch, weshalb wurde mir das Liebste genommen?« Diese Frage stiftet Unruhe, sie lässt sich auch nicht lösen, da eine solche Betrachtungsweise keine Lösung vorsieht. Ich glaube dagegen ganz klar, dass unser Leben auf eine höhere Bestimmung abzielt. Es geht um die Annahme, dass das Leben nicht endlich ist. Unser Körper ist endlich – wir sind es nicht. Und wir haben schon viele, viele Leben hier auf der Erde verbracht. Manchmal nehmen wir auch Themen aus anderen Leben mit, damit sie in diesem Leben Erlösung finden. Dahinter verbirgt sich ein fester Glaube, der sich in Vertrauen, Demut und Hingabe äußert.

Selbstverständlich ist es ganz natürlich und normal, dass wir um einen geliebten Verstorbenen trauern. Der Unterschied liegt in der wahren Bereitschaft zu trauern und in der ehrlichen Antwort auf die Frage: Trauere ich wirklich um den geliebten Menschen oder bedauere ich in Wirklichkeit mich und schiebe damit Verantwortung ab, indem ich das Leben prinzipiell als ungerecht empfinde? Und jetzt komme ich wieder auf den Seelenplan zurück: Unser Seelenplan bedeutet, dass wir unser Erdenleben sehr detailliert und genau geplant haben. Gemeinsam mit unseren geistigen Helfern haben wir vor unserer Inkarnation dieses Leben so geplant, wie es nun ist – mit allen Schritten, die zu gehen sind, auch mit allen Todesfällen, die uns begegnen. Dabei haben wir selbst unsere Entscheidungen geplant und zuvor gesehen, welche Lernschritte dahinterstehen.

Oft höre ich an dieser Stelle in meinen Beratungen, dass man bei der Planung wohl besoffen gewesen sein müsse. Nun ja, ich antworte dann gerne mit einem Vergleich: Wenn du ein Haus baust, planst du zuvor alle Schritte, die notwendig sind, damit das Projekt Hausbau realisiert werden kann. Du suchst dir zunächst die passenden Helfer aus, denn alleine kannst du es nicht schaffen, da es zu viele Arbeiten zu erledigen gibt, die Experten und Partner brauchen, die über entsprechendes Wissen und passende Gerätschaften verfügen. Anschließend stellst du den Bauantrag, wartest auf die Genehmigung, planst den Erdaushub, die Lichtschalter, die Bäder, die Küche, die Treppe, den Einbau der Fenster, die Farbe der Dachziegel und des Hauses. Du wählst die Materialien aus, die verwendet werden sollen, und erstellst dazu einen Zeitplan, wann welcher Schritt ausgeführt werden soll, damit das Haus zu einem Zeitpunkt x fertiggestellt ist. Nach fertiger Planung und Erteilung der Baugenehmigung lässt du die Baustelle einrichten. Dazu werden Schutzzäune um die Baustelle aufgestellt, ein Kran wird besorgt und ein Strom- und Wasseranschluss eingerichtet. Alles in allem ist dies ein sehr aufwändiges Projekt und du freust dich sehr auf die Umsetzung, denn du hast ja eine Vision, ein Ziel vor Augen – dein fertiges Haus. Nun ist es aber so, dass die Planung die eine Sache ist, die Umsetzung die andere. Denn es gibt viele, viele Faktoren, die darauf Einfluss nehmen. Die Planung ist mit Optimismus und Vorfreude verbunden, fernab der Vorstellung, wie die tatsächliche Umsetzung aussieht. Und während der tatsächlichen Umsetzung ist es häufig so, dass man den Blick für das Gesamtprojekt verliert. Denn wie oft passiert es, dass wir gefangen sind im einzelnen Moment, einem akuten Thema, das zu lösen ist. Etwa, dass Wasser in den Bau eindringt. Es geht in diesem Moment nicht um die Fertigstellung, sondern um die Rettung des begonnenen Gebäudes und die Beseitigung der Schäden, die durch das Wasser entstanden sind. Nicht das Gesamtprojekt war in diesem Moment entscheidend, sondern die konkrete Lösung dieses Problems. Von der Euphorie, der Vorfreude und dem Optimismus der Planung ist in diesem Moment nichts mehr zu spüren. Vielmehr kommen Fragen in dir hoch, wie du das alles überhaupt schaffen kannst?

Es hängt nicht allein von dir ab, ob alles genauso vonstattengeht, wie du es in deiner Planung vorgesehen hast. So können deine Vorstellung und Planung anders sein, als die Realität dann aussieht. Neben diesem Beispiel gibt es viele weitere, die unvorhergesehen gelöst werden müssen: Überdurchschnittlich heftiger Regen beispielsweise kann dazu führen, dass die Arbeiten stocken oder die Anschlüsse an das öffentliche Netz viel später erfolgen, als gedacht. Es kann auch sein, dass einer deiner Baupartner zwischenzeitlich pleitegeht …

Alles Dinge, die in einem Plan so nicht berücksichtigt sind, weil die Komplexität des Vorhabens sie dich nicht vorhersehen lässt. Nun steckst du aber mitten im Projekt und dir bleibt kaum eine Wahl: Du musst weitermachen, denn dein ganzer Besitz – alles, was dir Sicherheit und Geborgenheit bietet – steckt in diesem Vorhaben und das große Ziel bleibt bestehen.

So ein Bauprojekt ist vergleichbar mit unserem Seelenplan. Wir sind Menschen und haben damit einen gewissen Einblick in unseren Seelenplan. Jedoch können wir die Komplexität des Ganzen nicht überschauen und einsehen. Unsere Seele gibt uns trotzdem immer wieder Hinweise, die wir in der Stille unseres Seins finden können. Wenn du Fragen hast, Fragen, die dein Leben betreffen, so versuche, ganz ruhig zu werden, tief ein- und auszuatmen und zu hören, was du dir selbst zu sagen hast. Denn: Alle Antworten liegen in dir. Oft sind die Türen, die zu diesen Wahrheiten, zu deiner inneren Weisheit führen, so fest verschlossen, das wir sie alleine nicht geöffnet bekommen. Sehr hilfreich ist in diesem Fall eine Meditation.

Wenn mich meine Klientinnen und Klienten fragen, wie sie meditieren sollen und was überhaupt Meditation ist, so lautet meine Antwort, dass es nicht die eine korrekte Form der Meditation gibt. Die Öffnung deines Geistes, das innere Berührtsein braucht Zeit, Ruhe, Übung, aber oft können tief trauernde Menschen die Ruhe nicht aushalten, die der ein oder andere mit einer klassischen Vorstellung, wie »man« zu meditieren hat, verbindet. Ich gebe gerne den Rat, dass du nach deinem Gefühl gehen darfst. Du musst auch nicht die Augen dabei geschlossen haben, darfst dich bewegen, indem du zum Beispiel spazieren gehst und zugleich die Natur genießt. Taste dich hier vor und schaue, dass du einfach »dran« bleibst, indem du dir selbst diese Zeit schenkst. Lerne dich kennen und fühle, was jetzt in diesem Moment wohltuend für dich ist.

Der Tod eines geliebten Menschen und seine Bedeutung

Ich möchte bei meinem Bild des Hausbaus bleiben, um die Bedeutung des Seelenplanes für unseren Trauerprozess zu erklären. Du und der geliebte Verstorbene, ihr beide habt in der Planung vorgesehen, dass ihr ein Stück des Hausprojektes zusammen erledigen werdet, um dein Vorhaben – dein Leben und deine Potenziale zu realisieren. Die andere Seele hat sich bereiterklärt, als Experte bei diesem Projekt mitzuwirken und dich zu unterstützen, es umzusetzen und auf Kurs zu bringen. Nun wird er aber auf einer anderen Baustelle dringender gebraucht und wechselt dorthin. Er weiß, dass du nun in der Lage bist, das Ganze ohne ihn umzusetzen; denn es war von Anfang an geplant, dass er dich genau bis zu diesem Punkt begleiten würde. Die weitere Umsetzung war also von Anfang an ohne sein aktives Zutun vorgesehen. Das, was allerdings immer wieder möglich ist, ist die Kontaktaufnahme mittels Fernsprecher, um dich rückzuversichern oder auch Fragen zur weiteren Umsetzung zu stellen. So hat mir etwa, auch wenn sich das vielleicht komisch anhört, mein früherer Mann, meinen neuen Mann angekündigt.

In unserem Leben gibt es keinen Zufall: Wir haben die Möglichkeit, um Rat zu fragen und waren und sind – und das ist wirklich entscheidend – für alles verantwortlich, was uns im Leben begegnet. Und mit dem Tod eines geliebten Menschen geht immer ein großer Lernschritt einher. Dies ist so komplex und vielfältig, dass der hier gezogene Vergleich nur als Denkanstoß dienen kann, um die Zusammenhänge, so, wie ich sie sehe, zu veranschaulichen und nicht zu banalisieren. Erst in der Retrospektive wird uns oft bewusst, was jener Mensch, der uns verlassen hat, wirklich für uns bedeutete.

Ich persönlich habe durch den Tod meines Mannes so viel gelernt und umsetzen müssen, dass ich mitunter über die Kraft, die in mir steckt, sehr überrascht war und auch noch bin. Denn kurz nach dem Tod meines Mannes kamen vielfältige Aufgaben auf mich zu, die ich mir zuvor nie zugetraut hätte. Etwa Erbschaftsstreitigkeiten, im Laufe derer ich ein klares Bekenntnis zu meinem Sohn und mir formulieren musste. Die Auflösung dreier Firmen, die Sicherung des Überlebens von meinem Sohn und mir sowie das klare und bestimmte Auftreten vor so mancher Behörde. Mein Leben geriet aus den Fugen und ich musste kitten, konsolidieren und aussortieren. Für mich unangenehme Gespräche hatte mein Mann sonst übernommen, ebenso Ideenreichtum und deren Umsetzung, all das musste ich auf diesen Baustellen schultern und auch lernen – außerdem: allein zu sein und für alles alleine verantwortlich zu sein – auch für unseren Sohn. Wäre er nicht gegangen, hätte ich nie – so krass sich das vielleicht anhören mag – aber ich hätte nie mein Potenzial entfaltet. Oder nur einen kleinen Teil davon. Um meine Anschauung zum Seelenplan hier noch weiter zu untermauern, folgende Gedankenreise.

Gedankenreise

Der Zug des Lebens

Atme tief ein und aus und schließe deine Augen, um Schritt für Schritt auf einen Bahnhof zuzugehen. Schritt für Schritt gehst du eine Treppe hoch, die in den Bahnhof führt. Dein Augenmerk fällt auf eine Uhr, die über der Treppe angebracht ist. Du stehst nun auf dem Bahnsteig eines nostalgischen Bahnhofs. In der Hand hältst du einen kleinen Koffer und hinter dir stehen eine Menge Menschen, die dir vertraut und hier sind, um dich zu verabschieden. Du bist aufgeregt und ein sanftes Kribbeln fährt durch deinen Körper, denn dir ist voll und ganz bewusst, dass du eine sehr lange Reise antreten wirst - ein Abenteuer wartet auf dich, das Abenteuer des Lebens. Von vielen Seiten hast du gehört, wie aufregend diese Reise ist, denn sie verspricht eins: Freiheit und das Ausleben deiner ganz eigenen Talente und deines eigenen Ichs. Hier auf dieser Ebene, auf der du dich befindest, ist dies nämlich in dieser Art und Weise nicht möglich. Schließlich kannst du Entscheidungen nur im großen Ganzen und nicht für dich treffen. Diese Gedanken begleiten dich hier auf diesem Bahnsteig, auf den Zug wartend, der dich zu deinen Stationen des Lebens bringen wird und auch wieder zurück, das ist gewiss.

Und genau in diesem Moment fällt dir noch eins ein, was dir auch auf diese Reise mitgegeben wurde, eine Sache, die du dir unbedingt merken musst, wenn du durch den Tunnel des Vergessens reisen wirst. Es ist die Erinnerung an die Kraft und die Macht des Atems. Jener Atem, der dich liebevoll führt, der dich versorgt, der dir dein Leben ermöglicht. Getragen von diesem wunderbaren Gedanken, der dir stets Halt und Anbindung verspricht, lässt du deinen Atem ganz bewusst in dich strömen - ein und aus, ein und aus. Du spürst, wie dein Atem deinen Körper versorgt, wie er in den Brustraum strömt, in deine Arme, in deine Beine und wieder zurück. Beim Einatmen spürst du die Weite deines Seins, beim Ausatmen lässt du los - immer wieder los. Es strömt Ruhe und Frieden in dich und mit jedem Atemzug, den du so bewusst ausführst, füllt sich dein Körper mit Kraft. Du spürst deinen Herzschlag, nimmst ihn ganz bewusst wahr.

Wie von Zauberhand ertönt von weit her eine liebliche Stimme, die voll Liebe und Zärtlichkeit ist. Sie stellt dir drei ganz entscheidende Fragen, die deine Bereitschaft, diese Reise anzutreten ohne jedes Wenn und Aber abfragen:

»Bist du bereit, in den Zug des Lebens einzusteigen, um Freiheit und deine Individualität zu finden?

Bist du bereit, den Preis zu zahlen, der dafür notwendig ist? Es ist der Preis des Vergessens, den jeder, der durch den nahenden Tunnel fährt, zahlen muss, denn ohne ihn gibt es weder Freiheit noch Individualität?

Bist du bereit, dem Leben in aller Offenheit zu begegnen und das Vertrauen zu haben, dass alles mit allem zusammenhängt und du Momente im Leben erleben wirst, die von Schwere, Schmerz und Trauer geprägt sind?«

Und in Anbindung an deinen Herzschlag nimmst du dich wahr, nimmst deine Bereitschaft, dem Leben mit allem Wenn und Aber zu begegnen, und antwortest: »Ja, ich bin bereit!«

Und in diesem Moment fährt der Zug ein. Du steigst ein und der Zug beginnt, sich zu bewegen, weg aus dem Bahnhof hin zu dem Abenteuer Leben. Die Landschaften ziehen an dir in einer irrsinnigen Geschwindigkeit vorbei, Farben vermischen sich und werden zu einem Strudel. Dein Herz schlägt wie wild, es fühlt sich alles wie ein Katapult an. Ein Katapult, das dich aus der Sicherheit der Unendlichkeit in die lineare Endlichkeit bringt. Es ist eine Reise in eine andere Dimension, in der du dich auf das Unbekannte einlässt, ohne Netz und doppelten Boden.

Du betrittst nun das Abteil, das für dich vorgesehen ist, mit einem für dich reservierten Platz. Du setzt dich und erblickst eine lichtvolle Gestalt, die dir gegenübersitzt. Das Licht blendet und nährt dich zugleich. Es ist ein tiefes Blau, das nun auch das gesamte Abteil erfüllt. Und jene Gestalt spricht zu dir und lässt dir eine tiefe Weisheit zukommen, die dich in deinem Leben begleiten wird: »Höre auf meine Worte, lasse sie in dein Herz, denn dort werden alle Wahrheiten bewahrt, die du immer schon kanntest und die immer schon ein Teil von dir waren und sind. Du hast dich ganz bewusst entschieden, diese Reise in deinem Zug des Lebens anzutreten. Du hast dich entschieden, den Preis dafür zu zahlen und in Kauf zu nehmen, in dem tiefen Wissen, dass es in diesem Leben darum geht, dich kennenzulernen, zu wachsen, und wenn die Zeit gekommen ist, wieder nach Hause zurückzukehren, wenn du deine Entwicklungsschritte gegangen bist.

Das hört sich einfach an, wird dich in deinem Leben aber immer wieder vor neue Herausforderungen stellen. Doch spüre und fühle, dass der Schmerz und das Leid, die dir im Leben begegnen werden, einen Sinn haben – es geht immer um dein persönliches Wachstum. Und wenn es Stunden in deinem Leben gibt, die du kaum ertragen kannst, an denen du fast zerbrichst, so wisse und fühle, dass du niemals alleine bist. Die Klinke zu dieser Tür ist aus Vertrauen, Liebe und tiefer Anbindung geschmiedet. Die dunklen

Stunden des Lebens sind die lehrreichsten, denn sie fordern dich bis auf Äußerste.

Als Geschenk und Begleitung möchte ich dir nun noch ein Gebet mitgeben, an das du dich erinnern wirst, wenn du es brauchst. Sprich es immer und immer wieder …

»Geliebter Vatergott, geliebte Muttergott! Ich stehe hier an diesem Punkt meines Lebens, an dem mich Verzweiflung, Unruhe, Trauer und großer Schmerz umgeben. Ich verstehe nicht, weshalb ich das alles ertragen muss, denn ich zerbreche fast daran. Mein Vertrauen ins Leben, meine Liebe und meine Sicherheit haben nun keine Bedeutung mehr – mein Zuhause gibt es nicht mehr. Es ist das Zuhause in mir, was mir abhandengekommen ist. Die Welt wirkt bedrohlich; ich habe vergessen, weshalb ich hier bin, was das alles für einen Sinn hat, denn mir wurde fast alles genommen, was mir wichtig war und ist. Und nun sitze ich hier, voll Demut und bitte um Erlösung, bitte um Ruhe und den Mut, dieses Leben wirklich zu leben das anzunehmen, was ist, auch wenn ich es nicht verstehen kann – auch wenn ich kaum noch spüren, kaum noch atmen kann. Geliebter Gott, geliebter Vater, habe Erbarmen mit mir, trage und nähre mich, damit ich wieder Vertrauen ins Leben finde. Jenes Vertrauen, was mich zu meiner Bereitschaft, dieses Leben zu leben, geführt hat.«

In der Stille wirst du eine Antwort hören, eine Antwort, die dir zuflüstert: »Mein Kind, du bist nicht alleine, in den dunkelsten Stunden werde ich noch intensiver für dich da sein. Bitte und du wirst erhört, glaube an mich, und ich werde für dich da sein, weil ich dich liebe.«

Mit diesen Worten fährt der Zug in den Tunnel des Vergessens ein – auf zu jenem Abenteuer, dessen Beginn die Freude über das Abenteuer war, die Freude über die Freiheit, die die Begegnung mit dir selbst verspricht.

Unter diesem QR-Code kann die Gedankenreise angehört werden. Such dir dazu auf der Internetseite die Gedankenreise »Der Zug des Lebens« aus.
https://come-back-life.de/gedankenreisen/

Auch mit der nächsten Geschichte möchte ich dir eine weitere Seite der Kostbarkeiten des Lebens zeigen. Wenn du bereit bist, begleite mich auf dieser Gedankenreise:

Gedankenreise

Die Gondel der Wünsche

Eines Tages plante ich, einen Ausflug zu machen. Es sollte mit einer Gondel zum Tal der Wünsche gehen. Als ich am Ausflugsziel ankam, spürte ich die besondere Atmosphäre. Das Licht veränderte sich, alle Farben strahlten intensiver und schöner. Der Weg zur Ablegestelle der Gondel war gesäumt von einer Blumenwiese, die einzigartige Farben aufwies. Es ist kaum zu beschreiben, wie friedvoll und schön es hier war. Schritt für Schritt ging ich tiefer und tiefer in dieses besondere Land, über diese einzigartige Wiese, deren Duft von Blumen getränkt war. Rosen, Hortensien, Flieder, Jasmin, Sonnenblumen, Lavendel, Margeriten und noch viele Blumen mehr, ein wahres Blütenparadies, über das ich fast vergaß, was der eigentliche Grund meines Aufenthaltes war. Leichtigkeit, Ruhe und Glück durfte ich mit jedem Schritt mehr und mehr erfahren. Gleich einer Feder, die sich treiben lässt, angetrieben durch einen zarten Wind, den ich in meinen Haaren spürte. Die Umgebung um mich herum wurde surreal und entfernte mich mehr und mehr von der Schwere des Alltags, von den Sorgen und Nöten, die mich beschwerten.

An der Ablegestelle wartete schon der Gondoliere auf mich. Ohne Worte zeigte er mir meinen Platz und bat mich einzusteigen. Das Boot legte ab, mit rhythmischen Bewegungen setzte der Gondoliere seine Gondel in Bewegung. Ich thronte wie eine Königin in einem mit Samt besetzten Stuhl, der wirklich einem Thron glich. Durch eine majestätische Landschaft zogen wir, mit jedem Paddelschlag kamen wir dem Tal der Wünsche ein Stück näher. Das Ufer des kleinen Flusses war von Trauerweiden umgeben, deren Zweige fast im Fluss hingen. Der Himmel schien so sanft und wunderschön golden zu glänzen. Es lagen Farben in der Luft, die mit einem Abendhimmel zu vergleichen sind - rosa, blau und violett strahlte die ganze Umgebung. Lautlos glitten wir den Fluss entlang. Mit jedem Paddelschlag verließ ich mehr und mehr meinen Alltag, meine Sorgen und Last. Ich atmete tief ein und aus, atmete bewusst und ließ mich voll und ganz auf die Schönheit des Moments ein. Zeit spielte hier keine Rolle mehr.

Schließlich erreichten wir ein Tor, an dem ein Wächter stand. Zum ersten Mal sprach jemand mit mir und fragte mich: »Bist du wirklich bereit, ins Tal der Wünsche zu gehen? Sei dir gewiss, mit dem Eintritt gibt es kein Zurück mehr, du wirst die Verantwortung für dich übernehmen müssen. Es gibt dann keine Ausreden mehr, nichts zählt außer dein freier Wille, das, was du wirklich möchtest! Willst du das alles?« Ich zögerte einen Augenblick und antwortete mit voller Inbrunst und aus tiefstem Herzen: »Ja, das möchte ich, es gibt nun kein Zurück mehr, ich bin nun so weit gekommen, ich möchte weitergehen und bewusst meine Entscheidungen treffen.« Er antwortete: »So soll es sein. Tritt nun ein in das Tal der Wünsche.« Mit diesen letzten Worten öffnete er das Tor, und mein Gondoliere setzte umgehend wieder mit dem Paddeln fort, wir glitten durch das Tor.

Was ich nun zu sehen bekam, nahm mir den Atem. Ich stockte und blickte auf unendlich hohe Regale, die bestückt waren mit Bonbongläsern. Das Tor hinter uns schloss sich wieder, und unsere Gondel blieb gleich vor dem ersten Regal stehen. Ich blickte auf das Regal und entdeckte verschiedene Inschriften in goldenen Lettern aufgedruckt auf den Bonbongläsern; dort stand zum Beispiel Freiheit, Gleichheit, Gerechtigkeit, Demut, Dankbarkeit, Wahrhaftigkeit, Wahrheit, Klarheit, Sensibilität, Mitmenschlichkeit, Frieden, Respekt, Verantwortung, Verlässlichkeit, Präsenz, Leidenschaft, Leichtigkeit, Treue, Toleranz, Empathie, Hingabe, Selbstvertrauen, Unabhängigkeit, Würde und vieles mehr. Zum ersten Mal sprach nun auch mein Gondoliere zu mir und sagte: »Nimm dir aus diesem Regal all das, was du möchtest, was dein Herz begehrt; aber bedenke, dass jeder Wert, den du dir aus den Gläsern nimmst, einen Preis hat!«

Ich geriet ins Stocken und grübelte, was dies nun zu bedeuten habe. Zweifel kamen und ein innerer Dialog zwischen meinem Herz und meinem Kopf begann. Das Herz sagte: »Nimm dir das, was du dir wünschst – höre auf mich, denn ich bin der Weg zum Glück und zur Liebe.« Der Kopf antwortete hingegen: »Sei wachsam, alles hat seinen Preis. Bist du bereit, diesen zu zahlen? Willst du es nicht einfacher haben? Ein Leben getragen von Verantwortung und Pflicht kann sehr anstrengend sein. Ein Leben im Unbewussten ist doch so viel einfacher – denke an die Konsequenzen! Wenn du einmal von den Bonbons genascht hast, gibt es kein Zurück mehr!« So ging es noch eine ganze Weile, bis ich schließlich vehement »Stopp!« sagte. Es kehrte Ruhe ein und ich besann mich auf meine Atmung, auf den Frieden in mir und horchte auf das, was mein Wunsch ist: »Ich sage Ja zu einem Leben in Bewusstsein, denn ich möchte all diese Werte leben, die auf den Gläsern aufgedruckt sind, das ist für mich wahres Glück!«

Der Gondoliere reagierte sofort und sagte: »So soll es sein! Ich möchte dir dazu noch eine kleine Geschichte erzählen: Es war einmal ein kleiner Vogel, der lebte glücklich und zufrieden mit den anderen Vögeln im Himmel. Der kleine Vogel war ein besonderer Vogel, der sehr neugierig und abenteuerlustig war. Er hatte das große Bedürfnis nach mehr. Er wollte die Welt entdecken und herausfinden, was Reinigung ist und wie sich Vergebung anfühlt. So machte er sich auf die Reise und flog weg aus dem Himmel, flog weg aus seiner Heimat.

Zunächst verspürte er ein großes Freiheitsgefühl. Er war nun unabhängig und konnte tun und lassen, wozu auch immer er Lust zu hatte. Um seinen Wunsch zu erfüllen, musste er einzig und allein dem Fluss des Lebens folgen. Als er so über den Fluss hinwegflog, betrachtete er den Fluss und entdeckte die große Kraft und Klarheit des Flusses. Der Weg war offensichtlich, wenn man nur genau hinblickte. Dies erfüllte den kleinen Vogel mit großem Glück. Es schien doch alles ganz einfach zu sein.

Doch mit der Zeit überkam ihn eine große Trauer – er war allein und vermisste die anderen Vögel im Himmel.

Seine Vision nach Reinigung und Vergebung war nicht so einfach umzusetzen, wie es zunächst schien. Ihm fehlte etwas ganz Bestimmtes, was hierfür notwendig war.

Eines Tages traf er einen anderen Vogel und fühlte im ersten Augenblick, dass dieser andere Vogel seine große Liebe, sein Spiegelbild war. Er fand in dieser Liebe Halt und Freude, und all das, was dem anderen Vogel geschah, konnte er in gleicher Weise mitfühlen. Doch eines Tages verließ der andere Vogel den kleinen Vogel völlig überraschend, da auch er seiner Bestimmung folgen musste. Der kleine Vogel war am

Boden zerstört und konnte es nicht fassen – sein Herz war gebrochen. Mit der Zeit erkannte er jedoch, dass alles einen Sinn hat und er vergab dem anderen Vogel – er spürte, dass jeder seiner Bestimmung folgt. Und er fühlte, dass für ihn auch der nächste Schritt anstand: nun auch seiner Bestimmung zu folgen. Er erkannte, dass er zum Fluss des Lebens zurückkehren musste, um durch die Kraft und Klarheit des Flusses in völliger Reinheit sein Leben weiterleben zu können – alles ist gut!«

Mit diesen letzten Worten des Gondolieres setze sich die Gondel wieder in Bewegung zum nächsten Regal; auf diesem fand ich nun eine Frage, die ich in Ruhe in mich aufnahm und betrachtete; dort stand ebenfalls in goldenen Lettern geschrieben: Wozu sagst du in deinem Leben Ja?

Über diese Frage musste ich eine Weile nachdenken und begann, erneut zu grübeln und gleichzeitig zu fühlen und zu erkennen:

Ich sage Ja zu mir selbst, weil ich mich liebe!

Ich sage Ja zu meinem Leben, zu meinen Lernschritten, weil ich so Fülle und Reichtum erleben darf – die Schönheit des Lebens!

Ich sage Ja zu meinen Fehlern, da sie mir meinen Mangel aufweisen und mir zeigen, welche Schritte ich noch gehen darf!

Ich sage Ja zu meinem Glauben an Gott, weil mir

dieser Glaube Geborgenheit, Vertrauen und Zuversicht schenkt!

Ich sage Ja zu meiner Familie und meinen Freunden, weil ich sie liebe und sie ein Teil von mir selbst sind; sie machen mein Leben lebenswert!

Ich sage Ja zu meiner Wahl, mein Wissen und meine Erfahrung in diese Welt zu tragen, da ich damit anderen Menschen helfen kann!

Ich sage Ja zur Gemeinschaft der Menschen, weil sie mein Herz erreicht und mir hilft, mehr und mehr zu mir selbst zu finden!

Ich sage Ja zur Weiterentwicklung, weil jeder Schritt auf meinem Lebensweg Erfüllung und Frieden bringt!

Und ich sage Danke, dass ich ein Ja fühlen darf!

Der Gondoliere nickte mir zustimmend zu und setzte unsere Fahrt weiter fort. Das nächste Regal wartete bereits auf mich. Bevor wir dort anlegten, sprach er wieder mit mir und sagte: »Du hast nun zu allem Ja gesagt, was für ein Leben in vollem Bewusstsein notwendig ist, für ein Leben, getragen von Liebe und Vertrauen. Bedenke, dass dein Glaube immer wieder auf die Probe gestellt wird, damit du dich weiterentwickelst, auch wenn es eine lebenslange Aufgabe wäre, zu alldem immer wieder Ja zu sagen. Die Sensibilität ist das höchste Gut, denn sie ermöglicht dir alles. Sie lässt dich aber auch Schmerz bewusst fühlen – willst du das?« Auch hier erwiderte ich voll Inbrunst: »Für mich gibt es keinen Weg zurück. Ich bin diesen Schritt gegangen und die Erkenntnis des Wahren und Guten liegt wie Samen in mir, der bereit ist aufzukeimen.« Er erwiderte: »So soll es sein.« Und damit legten wir am letzten Regal dieser wunderbaren Gondelfahrt an, auf dem in goldenen Lettern stand: Was wünschst du dir?

Dazu fiel mir ein: Gestern sprach ich mit meinem Sohn über das Vermissen von bestimmten Dingen. Er sagte zu mir, dass man Dinge nur vermissen könne, wenn man sie wirklich kennt. Dieser Gedanke begegnete mir hier wieder am Regal der Wünsche, und ich dachte an den kleinen Prinzen von Antoine de Saint-Exupéry und seine wunderschöne Rose. Wir vermissen das, was uns schon einmal begegnet ist, und sehnen uns danach, da wir uns damit sehr vertraut gemacht haben. So sind unsere Wünsche auch begründet in tiefen Erfahrungen, die wir zuvor gesammelt, aber wieder vergessen haben. Unsere Wünsche sind unsere innere Stimme, die eine Sehnsucht nach bereits Vertrautem anspricht.

Wenn ich in der Sprache von Mangel und Reichtum spreche, so ist unser Bestreben nach Reichtum tief in der Kenntnis von Fülle begründet. Wir alle sind von jeher reich und vollkommen, wir haben es nur vergessen und dürfen dieses tiefe Wissen und Spüren in uns wieder an die Oberfläche, nach außen spülen!

Diesem Gedanken nachgehend hielt ich inne und fühlte in mich hinein, was mein größter Wunsch ist. Die Antwort, die ich fand, war: Erfüllung. Ich sagte zum Gondoliere: »Ich wünsche mir Erfüllung«. Und er erwiderte: »Bitte darum und du wirst erhört!«

Und am Ende trug ich diese Erkenntnis in mir: Meine Wünsche und Ziele sind gleichzusetzen mit meinem Lebensweg: Es beginnt und endet alles mit der Liebe. Der Anfang ist das Ende und das Ende ist der Anfang. Auf unserem Weg in der Verbundenheit von Anfang und Ende begegnen wir vielen Aufgaben, Handreichungen, Geschenken, Wegweisern und Weggabelungen, begleitet von Licht und Schatten und liebevollen Begleitern, die uns tragen und uns Kraft, Weisheit und Mut schenken weiterzugehen. Wir dürfen uns immer wieder auf diesem Weg entscheiden, um den Weg in Fülle und Reichtum zu finden. Am Anfang steht für mich die Liebe, die alles überdauert und uns beflügelt, unsere Träume und Wünsche zu erfüllen. Sie verleiht uns den Glauben an uns selbst und das Vermögen, Freiheit anzunehmen und zu leben – im Kreislauf des Lebens. Am Ende stehe also ich selbst – rein und unverfälscht.

Unter diesem QR-Code kann die Gedankenreise angehört werden. Such dir dazu auf der Internetseite die Gedankenreise »Die Gondel der Wünsche« aus.
https://come-back-life.de/gedankenreisen/

Wenn du es schaffst, all das, was ist, zu akzeptieren, bringt dir das eines, ganz gewiss: inneren Frieden. Innerer Frieden öffnet dir die Tür jenes Raumes, der dir deine Wünsche offenbart. Es ist der Raum der Zukunft und der Visionen. Visionen nähren uns, geben uns Antrieb. Sie sind immer mit der Hoffnung verbunden, dass das, was kommen wird, positiver ist als das, was hinter uns liegt. Schwere Schicksalsschläge versperren den Blick in jenen Raum der bildhaften Darstellung unserer Zukunft. Das heißt, wenn du tief trauerst, erlischt jene Freude, die Lebensmut, Lebenskraft und Lebenswillen erschafft. Stattdessen macht es uns Angst, an die Zukunft zu denken und Pläne zu schmieden. Damit dir das wieder leichter fällt und es dir gelingt, trotzdem wieder mehr Chance, Positivität und Lebensfreude in dein Leben zu ziehen, begleite mich zur nunmehr letzten Gedankenreise und tauche ein in deine innere Wahrheit:

Gedankenreise

Der Spiegel des Ichs

Stelle dir einen wunderschönen Morgen vor, einen Morgen, getränkt in tiefes Morgenrot, der die Stimmung erweckt für die Momente der Stille und Einkehr. Du bist Teil dieses Morgens, Teil dieser Stimmung, denn sie hält etwas Magisches für dich bereit. Es ist ein offenes Geheimnis, das dir hier und heute zuteilwird. Sei bereit, Verantwortung zu übernehmen für dich und dein Leben. Sei bereit, dir alle Anteile in dir anzuschauen, die dich auf dieser Reise des Lebens begleiten. Ich, als deine Trauermentorin, weihe dich nun ein in dieses Geheimnis, wenn du bereit bist. Darum frage ich dich: Bist du bereit, dich für eine neue Sichtweise auf dein Leben zu öffnen? Bist du bereit, mir zu vertrauen? Wenn du deine Bereitschaft mit einem klaren Ja fühlen kannst, so weihe ich dich nun ein.

Schließe deine Augen, atme, folge deinem Atem, spüre deinen Körper. Erkenne den Weg, den dein Atem durch deinen Körper nimmt. Er wandert von deiner Lunge in dein Blut und gelangt in dein Herz, in deinen Kopf, in deinen Körper. Passiert deine Arme, deinen Bauch, dein Becken, deinen Rücken, deine

Beine, deine Füße. Spüre, wo dein Atem auf Widerstand stößt und diesen durchdringt. Fühle, welche Stellen in deinem Körper mehr Aufmerksamkeit brauchen und atme, atme, ganz tief und ruhig. Komme dir selbst immer näher, fühle dich eins mit dir, eins mit diesem Moment, eins mit der Bereitschaft, in ein tiefes, altes Wissen einzutauchen.

Unversehens ändert sich mit dem nächsten Atemzug die Situation, denn du spürst, dass nun der Augenblick gekommen ist, die Augen zu öffnen – deine innere Augen. Du befindest dich in einem heiligen Raum, der jenseits von Ort und Zeit zu existieren scheint. Er ist gefüllt mit zahllosen Spiegeln, die erleuchtet werden von eleganten Kerzen. Du blickst in einen der Spiegel und siehst dich selbst endlos reflektiert. Es scheint keinen Anfang und kein Ende zu geben. Sinnbildlich steht hier alles für die Unendlichkeit – die Unendlichkeit des Seins, deines Seins.

Kannst du deinem Blick standhalten? Wie fühlt es sich gerade an, Teil der Unendlichkeit zu sein? Was siehst du in den Spiegeln? Begleitet werden diese Fragen von einem weiteren Gedanken, der über allem steht und alles durchdringt: Wer bist du? Und diese Frage wird von der Unendlichkeit aufgenommen und beantwortet: »Du bist Körper, Geist und Seele. Diese Trias macht dich zum Menschen. Sie drückt aus, dass nur im Zusammenspiel dieser Anteile dein Sein bestimmt ist. Wenn du einen Anteil vernachlässigt, so fühlst du dich nicht mehr ganz – so wie ein Dreieck, drei Teile braucht, um ein Dreieck zu sein. Das, was das Dreieck füllt, ist dein Menschsein, das zugleich göttlich ist. Erkenne und ehre diese Anteile, denn nur so kannst du dich für das Einssein öffnen, die zugleich alle Einsamkeit vertreibt. Sei dankbar für deinen Körper, der dich bedingungslos durch dieses Leben trägt. Fülle die leeren Stellen des Universums mit deinem Geist, so dass daraus Materie entstehen kann, und gestehe deiner Seele zu fühlen; denn das ist das, was sie erfüllt. In der Verbindung dieser Trias von Geist, Körper, Seele liegt der Weg der Erkenntnis, die dich noch viel tiefer führen wird in das Geheimnis des Universums. Ich sage dir nun, du bist entstanden aus Liebe, geformt aus Liebe – du bist Liebe, deine Essenz ist Liebe. Kannst du das in den endlosen Spiegeln erkennen?

Wenn du nun haderst und zweifelst, so frage ich dich ganz gezielt: »Was darfst du wandeln in deinem Leben, um in die Kraft zu kommen und diese Einheit zu spüren? Und darf ich dir hierfür einen magischen Gedanken mitgeben, der deiner anfänglichen Bereitschaft entsprungen ist?«

Du fühlst nun dich und merkst und spürst im Herzen, wie besonders und heilig dieses Erlebnis ist. Ruckartig durchdringt dich nun plötzlich ein Gedankenbild, es ist der Gedanke an ein traumhaftes Schloss mit einem wunderschönen Rosengarten, gesäumt von einer unversehrten Landschaft. Inmitten des Rosengartens erkennst du aus der Ferne eine Gestalt, die auf einer Bank sitzt und auf dich wartet. Einen kurzen Moment meldet sich dein Verstand, der dir Zweifel schickt; denn der Wechsel der Szenerie in diesem rasanten Tempo scheint so unwirklich und unmöglich. Doch einen kurzen Augenblick später stehst du vor jener Gestalt, die eine große Sehnsucht in dir stillt. Sie spricht zu dir: »Der Anfang von allem ist ein Gedanke, der in die Leere getragen wird und dort das Potenzial entfalten kann, Materie zu formen. Und wenn dein Kopf diesem Gedanken nicht folgen kann, so sage ich dir: Stell dir einfach vor, dass alles, was du denkst, Wirklichkeit werden kann. Diese Idee, dieser elementare Moment der Schöpfung ist grundgelegt in allem, was ist. Es ist die Basis allen Seins und aller Möglichkeiten. Denn das, was du denkst, formt Materie und macht alles sichtbar – jeder Gedanke formt demnach deine Wirklichkeit.«

Einen Atemzug später erkennst du, dass jene Gestalt vor dir die Stimme aus der Unendlichkeit ist, die dich bereits im Raum der Spiegel begleitet und versorgt hat. Es ist so, als ob die Energie dieses heiligen Wesens auf dich übergeht und dir die Wahrheit hinter diesen kostbaren Worten bewusst wird. Doch was heißt letztlich Bewusstsein und Realität? Was bedeutet es zu sein? Und wieder antwortet dir jenes Wesen, das dir so bekannt wie anziehend erscheint - seine Antwort erklingt in dir: »Alles ist Energie. Energie ist die wahre Realität. Wir sind umgeben von Energie, es ist alles Energie und wenn du lernst, dir deine Energie in dir bewusst zu machen und dich bewusst danach auszurichten, so ist alles möglich, denn du bist Teil der Schöpfung und du bist selbst Schöpfer. Ich sage dir, lebe, lebe mit allem, was dir zur Verfügung steht, und lass deine Gedanken Wirklichkeit werden. So wie ich wahrhaft vor dir sitze, so wahr ist jede andere Art von Realität. Ich bin, du bist, wir alle sind so wahr und real wie jeder Gedanke, der bereit ist, Materie zu formen, wenn du das Signal dazu gibst - deine Kraft.«

Einen weiteren Atemzug später befindest du dich wieder in jener Morgenstimmung, die dich zu diesen magischen Orten geführt hat. Komm jetzt wieder zurück, zurück in dein Bewusstsein, ins Jetzt, denn das ist die einzig wahre Realität.

Unter diesem QR-Code kann die Gedankenreise angehört werden. Such dir dazu auf der Internetseite die Gedankenreise »Der Spiegel des Ichs« aus.
https://come-back-life.de/gedankenreisen/

Besinne dich auf deine Kraft und koste dankbar und freudvoll die Fülle des Lebens aus, Lernschritt um Lernschritt machend. Denn du und jeder deiner Beiträge hat Einfluss auf das große Ganze, das sich gegenseitig bedingt. Positiv wie negativ. Du bist Teil eines feingliedrigen, sich um den gesamten Erdball spannenden Netzes, das ohne Anfang und ohne Ende und in ständiger Bewegung ist. Selbst wenn ein Teil dieser Kette wegfällt, gibt es keinen Stillstand, kein Stopp, die Zeit läuft weiter, weiter und weiter. Denn das Leben ist Entwicklung und dieses Netz gibt dir Halt und animiert dich ebenfalls dazu. Damit auch du beiträgst, dass andere sich bewegen, da alles um uns herum Energie ist. Energie trägt eine bestimmte Schwingung und genau diese Schwingung sendet eine Frequenz aus, die andere und unsere Umwelt wahrnehmen. Energie ist Kraft. Sie ist notwendig, damit wir Handlungen ausführen können und wieder stark und zuversichtlich in eine gute Zukunft gehen, die Glück und Freude für dich bereithält. Das wünsche ich dir von Herzen!

Meine Gedanken

Ausblick

In diesem Buch habe ich dir meine Sichtweise geschildert, meine Sichtweise auf das Leben, die ich aus der tiefen Trauer um meinen verstorbenen Mann finden und entfalten konnte. Ich blicke auf viele Jahre zurück, in denen ich an mir gearbeitet und meinen Blick mehr und mehr für die größeren Zusammenhänge unseres Seins geschärft habe. Diese Sichtweise hat mich selbst in die Heilung geführt, in den inneren Frieden mit mir und zu einer klaren Ausrichtung und Botschaft, die ich in die Welt tragen möchte: Der Tod eines geliebten Menschen ist nicht das Ende. Es ist eine sehr herausfordernde Veränderung, die das Potenzial in sich trägt, uns in unsere Kraft und in unsere wahre Bestimmung zu führen, wenn wir bereit sind, die Verantwortung für uns und unser Leben anzunehmen.

Das Schicksal macht uns in diesem Moment aufmerksam auf das, was wirklich zählt und wichtig ist. Denn eins ist auch klar und nicht von der Hand zu weisen: Wir werden alle sterben und auf jene Ebene wechseln, die unsere eigentliche Heimat ist. Es ist ein Weg, ein langer Weg – und das, was wir alle mitnehmen, sind die Erfahrungen, die wir hier sammeln, die Einsichten, die wir gewinnen, die Erinnerungen an liebevolle

Begegnungen, und überhaupt ist es die Liebe, die uns umgibt und füllt und die auch in der nicht materiellen Welt existiert. Dies alles sind die wahren Kostbarkeiten, die immer fortbestehen, und nicht das, was wir fälschlicherweise als Reichtum ansehen – Vermögen, ein Haus, Statussymbole etc. Wahrer Reichtum findet sich in unserem Inneren. Gleichzeitig dürfen wir uns eins bewusst machen: Die Verstorbenen gehen in eine wundervolle Welt, in eine Welt, in der es keinen Schmerz, kein Leid, keine Trauer gibt. Nur wir, die zurückgeblieben sind, trauern um den Verlust. Die, die schon gegangen sind, empfinden diesen Verlust nicht. Sie sind nur einen Gedanken entfernt und – so oft es geht – bei uns.

Wenn du ein paar schöne Blumen neben das Bild eines Verstorbenen stellst, so kannst du dir sicher sein, dass er oder sie sich darüber sehr freut. Es geht um die Gesten, die wir aus Liebe vollziehen, und nicht um die Gesten, die von uns erwartet werden. Traue dich, dir und deinem Gefühl zu vertrauen und für dich zu entscheiden, was deine richtige Art ist und was dir gut tut. Die geistigen Ebenen und deine lieben Verstorbenen weisen in diesem Zusammenhang ganz klar und eindeutig darauf hin, dass es »dort oben« niemanden interessiert, ob wir eine bestimmte Etikette einhalten, wie die Gesellschaft sie einfordert, sondern dass wir wagen, wieder auf uns und unser Herz zu hören und zu vertrauen. Darum geht es und sie wünschen sich, dass wir unser Leben leben und genießen – in vollen Zügen. So etwas wie ein Anstandstrauerjahr ist aus dieser Sichtweise blanker Unsinn. Es geht nicht darum, dass man sich während der Trauer noch zusätzlich geißelt. Es geht darum, dass du Stück für Stück erkennst, was dir guttut und was du wirklich möchtest! Den Platz eines geliebten Menschen in deinem Herzen kann sowieso niemand besetzen, denn diese Liebe ist Teil der Unendlichkeit.

Auf den Kern gebracht bedeutet das: Die Liebe wie der Tod sind beides Momente, die uns mit aller Kraft auf das Wesentliche zurückführen und erkennen lassen, dass wir Teil der geistigen Welt sind. Sie beide vermögen den Schmerz in uns hervorzurufen, der bei der Öffnung des Herzens entsteht und uns entdecken und spüren lässt, auf was es im Leben wirklich ankommt. Liebe und Tod verbinden Licht und Schatten. Sie öffnen das Tor zum Himmel und lassen durch die Wolken hindurch die Kraft der Sonne erstrahlen. Nur durch diese intensiven Einsichten können wir leben und Anteil am Göttlichen haben. Dieses starke Bewusstsein kann allerdings zunächst Angst machen, da es weit über das hinausgeht, was der Verstand zu begreifen vermag. Wir müssen lernen, Vertrauen in uns zu haben; dann werden uns die Momente der Öffnung des Himmels nicht weiter erschrecken.

Was mir im Laufe meines Trauerprozesses deutlich wurde, war, dass meine Lernaufgabe mit dem Tod meines Mannes darin bestand, die Teile, die er für mich im Leben erfüllte, nun selbst zu erfüllen. Er nahm mir so viele Dinge ab, in denen ich Defizite hatte und auch immer wieder habe. Darin übe ich mich und dazu gehören ganz banale Dinge, wie klar auszusprechen, was ich fühle. Und so manch einer und eine weiß, wie schwer das sein kann, das klar auszudrücken. Schafft man es aber, diese Herausforderung zu meistern, spürt man voll Freude seine Kraft. Daher: Schaue voll Stolz und Zuversicht auf das zurück, was du geschafft hast, und lebe jeden Tag so, als wäre es dein letzter. In tiefer Dankbarkeit und Liebe!

Überblick über die Gedankenreisen

MIX
Papier | Fördert gute Waldnutzung
FSC® C014496
FSC
www.fsc.org

Penguin Random House Verlagsgruppe FSC® N001967

1. Auflage

Umschlagmotiv: © kapinon – Adobe Stock.com
Druck und Bindung: GGP Media GmbH, Pößneck
Printed in Germany
ISBN 978-3-579-07489-4
www.gtvh.de